분별, 복음의 눈으로 정치 읽기

세움북스는 기독교 가치관으로 교회와 성도를 건강하게 세우는 바른 책을 만들어 갑니다.

분별, 복음의 눈으로 정치 읽기
신자와 시민으로서의 정체성, 신학과 역사에서 균형점 찾기

초판 1쇄 인쇄 2025년 5월 25일
초판 1쇄 발행 2025년 5월 30일

지은이 | 임승민
펴낸이 | 강인구

펴낸곳 | 세움북스
등 록 | 제2014-000144호
주 소 | 서울특별시 종로구 대학로 19 한국기독교회관 1010호
전 화 | 02-3144-3500
팩 스 | 02-6008-5712
이메일 | holy-77@daum.net

디자인 | 참디자인
교 정 | 김민철

ISBN 979-11-93996-47-8 (03230)

* 이 책은 신저작권법에 의하여 국내에서 보호를 받는 저작물입니다.
  출판사의 협의 없는 무단 전재와 무단 복제를 엄격히 금합니다.
* 책값은 뒤표지에 있습니다.
* 잘못된 책은 교환하여 드립니다.

분별, 복음의 눈으로 정치 읽기

임승민 지음

신자와 시민으로서의 정체성,
신학과 역사에서 균형점 찾기

세움북스

차례

프롤로그: 믿음으로 투표할 수 있는가? • 8

1장. 예수님도 정치에 대해 말씀하셨는가? • 15

복음은 사적인 것인가, 공적인 것인가? • 17
가이사의 것은 가이사에게, 하나님의 것은 하나님께 • 21
예수님은 왜 '정치적' 왕이 아니셨는가? • 25
정치적이지만 당파적이지 않은 복음 • 32
나눔을 위한 질문 • 34

2장. 두 왕국, 한 주권: 교회와 국가의 경계 그리기 • 35

아우구스티누스의 두 도성, 루터의 두 왕국, 칼뱅의 이중 정부 • 38
오늘날의 두 왕국 이론 • 44
교회와 국가, 구분과 협력 • 53
두 왕국 이론을 어떻게 적용할 것인가? • 58
나눔을 위한 질문 • 64

3장. 두 왕국과 영역 주권: 정치 참여의 균형점 찾기 • 65

두 왕국 이론의 기초 위에서 • 68
신칼뱅주의와 영역 주권 • 72
문화 변혁 비전과 복음의 우선성 • 77
신칼뱅주의 운동의 한계와 비판 • 83
두 왕국 이론과 영역 주권의 통합적 적용 • 86
복음 중심의 균형 잡힌 정치 참여를 향하여 • 89
나눔을 위한 질문 • 91

4장, 교회, 정치에 대해 어떻게 말해야 하는가? • 93

교회는 특정 정당을 지지할 수 있는가? • 96
설교에서 정치 문제를 다뤄도 되는가? • 99
교회가 정치화되지 않으면서도 '예언자적 목소리'를 내는 방법 • 103
목회자와 교회 지도자를 위한 실천적 지침 • 105
균형 잡힌 정치적 발언을 향하여 • 123
나눔을 위한 질문 • 127

5장, 정치와 신앙, 어떻게 연결할 수 있는가? • 129

진보와 보수, 그리스도인은 어디에 설 것인가? • 132
'반공주의 신앙'과 '정의의 신앙'은 과연 성경적인가? • 136
보수, 진보보다 복음이 우선이라는 말의 실제 의미 • 142
그리스도인의 올바른 정치 참여를 향하여 • 150
나눔을 위한 질문 • 152

6장, 그리스도인은 어떻게 투표해야 할까? • 153

투표는 신앙의 행위가 될 수 있을까? • 155
분별력 있는 투표를 위한 원칙 • 159
투표에서 경계해야 할 위험들 • 163
미국 사례 연구: 트럼프 시대 두 복음주의 목사의 투표 • 165
오늘의 한국에서 그리스도인은 어떻게 투표해야 할까? • 169
그리스도인 투표자를 위한 지침 • 172
신실한 시민, 신실한 그리스도인 • 175
나눔을 위한 질문 • 178

7장, 정치 이념보다 중요한 것 • 179

나와 정치 성향이 다른 이웃을 어떻게 이해할 것인가? • 182
정의에 대한 이해는 달라도 사랑 안에서 하나 되기 • 189
정치적 견해가 달라도 공동선을 추구하기 • 196
정치적 견해가 달라도 서로의 양심을 지켜 주기 • 205
정치를 초월한 그리스도인의 정체성 • 209
나눔을 위한 질문 • 211

8장. 복음을 중심에 둔 정치 참여를 위한 10가지 원칙 • 213

원칙 1: 특정 정치인이 아니라 하나님 나라를 기준으로 • 215
원칙 2: 신문보다 성경을 더 많이 읽자 • 218
원칙 3: 정치를 신앙의 자리에 올려놓지 말자 • 221
원칙 4: 정치에 상처 입은 교인들을 위한 회복의 공동체 • 224
원칙 5: 정치적 겸손의 실천 • 227
원칙 6: 사실과 진실 추구하기 • 230
원칙 7: 책임 있는 언어를 사용하기 • 233
원칙 8: 약자들의 관점에서 생각하기 • 237
원칙 9: 장기적 관점 유지하기 • 240
원칙 10: 기도하는 정치 참여자 되기 • 243
나눔을 위한 질문 • 251

에필로그: 그리스도인의 정치 참여, 그 답을 찾아서 • 252
미주 • 261

프롤로그:
믿음으로 투표할 수 있는가?

"목사님, 그리스도인이 투표할 때에는 어느 당을 지지해야 하나요?"

주일 예배를 마친 후, 한 청년이 조심스럽게 다가와 물었습니다. 그의 표정에서 진지한 고민이 엿보였습니다. 총선을 앞두고 교회 내에서도 정치적 긴장감이 감돌던 시기였습니다. 교회 카톡방에서는 이미 진보와 보수를 지지하는 교인들 사이에 날선 댓글이 오가고 있었고, 심지어 몇몇 성도들은 서로 다른 정치 성향 때문에 안부 인사조차 건네지 않는 상황이었습니다.

이 질문은 단순히 어느 정당을 지지할지에 관한 것이 아니었습니다. 그 이면에는 더 깊은 질문이 있었습니다.

'우리의 신앙은 정치적 선택과 어떤 관계가 있는가?'
'예수님은 오늘날 한국의 정치 현실에 대해 무엇이라고 말씀하실까?'
'분열된 사회에서 그리스도인은 누구의 편에 서야 하는가?'

정치적 극단 속에서 신앙인의 길은 어디에 있는가?

대한민국은 점점 더 양극화되어 가고 있습니다. 진보와 보수의 간극은 단순히 정책 차이를 넘어, 이제는 서로 다른 우주에 사는 것처럼 보입니다. 서로가 서로를 '적'으로 규정하고, 상대방의 모든 주장을 악의적으로 해석하고 있습니다. 소셜 미디어와 유튜브는 이런 양극화를 가속화시키고, 자신의 입장만 확인하는 '확증 편향'의 거품 속에 많은 이들이 갇혀 있습니다.

이런 사회적 분열은 안타깝게도 교회 안에 깊이 침투해 있습니다. 같은 하나님을 예배하고, 같은 성경을 읽으며, 같은 예수님을 따른다고 고백하는 그리스도인들이 정치 견해 차이로 서로를 향해 분노하고 있습니다. 어떤 교회에서는 목사의 정치적 발언 때문에 교인들이 떠나고, 또 다른 교회에서는 정치 성향에 따라 교인들 사이에 보이지 않는 벽이 세워지기도 합니다.

어느 성도가 이런 말을 한 적이 있습니다.

"주일에 예배하러 가는 것이 두렵습니다. 교회 로비에서 정치 얘기가 나올까 봐……. 내가 지지하는 정당이 알려지면 교회에서도 '이단' 취급을 받을까 걱정됩니다."

이런 상황에서 그리스도인들은 주로 세 가지 반응을 보입니다. 첫째, 정치적 진영에 신앙을 종속시키는 경우입니다. '진정한 그리스도인이라면 당연히 ○○당을 지지해야 한다'고 주장하며, 특정 정당이나 정치인 지지를 신앙의 척도로 삼습니다. 이들에게 정치적 입장은 신앙의 본질적 요소가 되어 버립니다.

둘째, 신앙과 정치를 완전히 분리하는 경우입니다. '교회는 정치에 관여해서는 안 된다'며 모든 사회적, 정치 참여를 거부합니다. 이들에게 신앙은 순전히 개인적이고 영적인 문제일 뿐, 공적 영역과는 무관합니다.

셋째, 침묵하는 경우입니다. 갈등을 피하기 위해 정치 문제에 대해 아예 말하지 않기로 결정합니다. '교회 안에서는 정치 얘기를 하지 말자'는 암묵적 규칙을 만들어 평화를 유지하려 합니다.

그러나 이 세 가지 반응 모두 완전한 해답이 되지 못합니다. 신앙을 정치에 종속시키는 것은 복음의 초월성을 해치고, 신앙과 정치를 완전히 분리하는 것은 그리스도의 주권을 제한하며, 침묵하는 것은 중요한 도덕적 문제들에 대해 교회가 목소리를 내지 못하게 합니다.

교회 안에도 정치 갈등이 번지고 있다

한 조사에 따르면, 응답자의 67%가 '교회 내에서 정치 견해 차이에 따른 갈등을 경험한 적이 있다'고 답했습니다. 특히 2017년 촛불집회와 탄핵 정국, 그리고 이후 진행된 여러 선거를 거치며 한국 교회 내 정치 갈등은 더욱 심화되었습니다.

어느 교회 사례를 보겠습니다. 이 교회는 코로나19 방역 정책을 둘러싸고 심각한 내부 갈등을 겪었습니다. 담임 목사는 정부의 방역 지침을 충실히 따라야 한다고 주장했지만, 일부 교인들은 이를 신앙의 자유 침해로 여겼습니다. 결국 몇몇 장로들과 수십 명의 교인들이 교회를 떠났습니다. 표면적으로는 방역 문제였지만, 그 이면에는 정치적 진영 논리가 작동하고 있었습니다.

또 다른 교회에서는 담임 목사가 설교 중에 특정 정치 이슈에 대한 견해를 자주 언급하자, 다른 정치 견해를 가진 교인들이 점차 예배에 참석하지 않게 되었습니다. 이 교회는 결국 정치 성향에 따라 두 개의 그룹으로 나뉘어, 같은 예배당에서 예배를 드리면서도 서로 교제하지 않는 상황에 이르렀습니다.

그리스도께서는 과연 이런 모습을 바라실까요? 예수님은 "너희가 서로 사랑하면 이로써 모든 사람이 너희가 내 제자인 줄 알리라"(요 13:35)라고 말씀하셨습니다. 정치 견해 차이로 서로를 정죄하고 갈라지는 모습은 분명 그리스도의 가르침과는 거리가 멉니다.

그렇다면 해결책은 무엇일까요? 어떻게 하면 정치적 혼란 속에서도 신앙의 본질을 지키면서, 동시에 이 세상에서 책임 있는 시민으로 살아갈 수 있을까요?

이 책은 바로 그 질문에 대한 답을 찾아가는 여정입니다. 단순히 '정답'을 제시하기보다는, 성경적 원리와 역사적 지혜를 바탕으로 그리스도인이 정치 현실을 어떻게 바라봐야 하는지, 교회는 어떤 역할을 해야 하는지 함께 고민해 보고자 합니다.

우리는 먼저 예수님께서 정치에 대해 어떤 가르침을 주셨는지 살펴볼 것입니다. 그리고 역사 속에서 교회와 국가의 관계가 어떻게 이해되어 왔는지, 특히 '두 왕국 이론'과 '신칼뱅주의'라는 두 가지 중요한 신학적 틀을 통해 탐구할 것입니다. 이를 바탕으로 한국 사회라는 구체적인 현실 속에서 그리스도인의 정치 참여는 어떤 모습이어야 하는지, 교회는 어떻게 정치적 문제들에 대해 목소리를 낼 수 있는지를 고민해 볼 것입니다.

이 책의 목표는 특정 정치 이념이나 정당을 지지하도록 설득하는 것이 아닙니다. 오히려 다양한 정치 견해를 가진 그리스도인들이 더 깊은 신앙적 성찰과 상호 존중 속에서 공동선을 추구할 수 있는 길을 모색하고자 합니다. 이 책이 정치적 양극화로 고통받는 한국 교회에 작은 빛이 되어, 그리스도 안에서 하나 됨을 회복하고 세상을 향한 화해의 메시지를 선포하는 데 도움이 되기를 소망합니다.

그리고 다시 처음의 질문으로 돌아갑니다.

"그리스도인이 투표할 때는 어느 당을 지지해야 하나요?"

이 질문에 단순한 대답은 없습니다. 하지만 이 책을 통해 여러분이 스스로 분별하고 판단할 수 있는 성경적, 신학적 기초를 얻게 되기를 바랍니다. 그래서 다음 선거일, 투표소에 들어설 때 여러분이 단순히 정치 성향이나 이념이 아니라, 깊은 신앙적 성찰과 하나님 나라의 가치에 근거하여 투표할 수 있기를 소망합니다.

　믿음으로 투표할 수 있는가? 네, 가능합니다. 그러나 그것은 특정 정당이나 후보를 맹목적으로 지지하는 것이 아니라 하나님의 정의와 평화, 사랑의 가치를 이 세상에 실현하고자 하는 분별력 있는 선택을 의미합니다. 이제 함께 그 여정을 시작해 보겠습니다.

"정치는 더러운 것이니 그리스도인은 관여하지 말아야 한다."
"예수님은 정치에 대해 아무 말씀도 하지 않으셨다."
"복음은 영혼 구원에 관한 것이다. 사회 문제와는 무관하다."

교회 안에서 이런 말들을 종종 듣게 됩니다. 이러한 생각들은 얼마나 성경적일까요? 예수님은 정말 정치에 대해 침묵하셨을까요? 복음은 오직 개인의 내적 삶에만 관련된 것일까요?

복음은 사적인 것인가, 공적인 것인가?

축소된 복음의 위험성

어느 교회에서 있었던 일입니다. 한 성도가 교회 소모임에서 환경 오염과 기후 위기에 대한 그리스도인의 책임을 이야기했습니다. 그러자 다른 성도가 단호하게 말했습니다.

"집사님, 그런 세상 문제는 교회에서 다룰 일이 아닙니다. 우리는 영혼 구원에 집중해야지요. 예수님도 정치나 사회 문제에 관여하지 않으셨잖아요."

이런 반응은 한국 교회에서 흔히 볼 수 있는 모습입니다. 많은 그리스도인들이 복음을 '영혼 구원'이라는 좁은 틀로 제한하고, 신앙의 영역을 철저히 개인적이고 사적인 영역으로 국한시킵니다. 이런 관점에서 보면, 정치, 경제, 사회, 문화 등의 공적 영역은 신앙과 무관한 '세상의 영역'으로 치부됩니다.

이러한 이분법적 사고방식은 세속적 영역과 영적 영역을 구분하는 이원론에서 비롯됩니다. 이는 영지주의 전통에 더 가까운 것으로, 하나님께서 창조하신 물질 세계와 인간 사회의 가치를 저평가하게 만듭니다. 이것은 '복음의 개인주의화'라고 불리며, 현대 복음주의의 가장 큰 문제 중 하나입니다. 하지만 과연 이것이 성경이 가르치는 복음의 전부일까요?

하나님 나라의 포괄적 비전

예수님께서 선포하신 핵심 메시지는 "하나님 나라가 가까이 왔다"(막 1:15)입니다. 이 '하나님의 나라'는 단순히 죽은 후에 가는 천국이나 영혼의 구원만을 의미하지 않습니다. 그것은 하나님의 통치가 이 땅 위에 실현되는 포괄적인 현실입니다.

복음은 개인의 영혼 구원에만 국한되지 않습니다. 그것은 하나님의 의로운 통치가 모든 피조물과 모든 인간의 관계에 미치는 통전적 메시지입니다. 그리스도인은 교회 안에서뿐만 아니라 사회의 모든 영역에서 하나님의 의를 구현하도록 부름받았습니다.

예수님은 제자들에게 "뜻이 하늘에서 이루어진 것같이 땅에서도 이루어지이다"(마 6:10)라고 기도하라고 가르치셨습니다. 이는 하나님의 뜻이 '영적' 영역에서만이 아니라, 우리가 살아가는 이 물리적, 사회적 세계에서도 구현되기를 바라는 기도입니다.

구약 성경을 보면, 하나님은 이스라엘의 정치, 경제, 사회 제도에 깊이 관여하셨습니다. 율법은 단순히 개인의 도덕적 행동만을 규제한 것이 아니라, 사회 정의, 경제적 평등, 환경 보호, 소외된 자들을 위한 제도적 장치 등 공동체 전체의 삶을 규정했습니다.

예를 들어, 희년법(레 25장)은 50년마다 토지를 원래 소유자에게 돌려주고 부채를 탕감해 주는 급진적인 경제 재분배 제도였습니다. 이러한 법규들은 분명히 '정치적'이며 '공적'인 성격을 갖고 있습니다.

구약의 선지자들도 불의한 통치자들과 부패한 제사장들을 신랄하게 비판했습니다. 아모스는 가난한 자들을 억압하는 부자들을 꾸짖었고(암 4:1-3), 이사야는 과부와 고아를 돌보지 않는 지도자들을 질책했습니다(사 1:17, 23). 미가는 "공의를 행하며 인자를 사랑하며 겸손히 네 하나님과 함께 행하는 것"(미 6:8)이 하나님께서 요구하시는 바라고 선언했습니다. 이러한 메시지들은 모두 당시의 사회, 정치적 질서에 대한 예언자적 도전이었습니다.

신약에서도 예수님은 단순히 영혼 구원만을 말씀하시지 않았습니다. 그분은 가난한 자, 억압받는 자, 소외된 자들을 향한 하나님의 특별한 관심을 강조하셨고(눅 4:18-19), 부의 위험성(마 19:24), 지도자의 섬김의 자세(막 10:42-45) 등 당시 사회의 정치적, 경제적 질서에 도전하는 메시지를 전하셨습니다.

복음의 총체성을 회복하기

한국의 기독교 역사를 돌아보면, 초기 한국 교회는 복음의 총체성을 잘 이해하고 실천했습니다. 19세기 말에서 20세기 초, 한국 교회는 교육 기관과 병원을 세우고, 문맹 퇴치와 여성 인권 향상에 앞장섰으며, 일제 강점기에는 독립운동의 중심에 서 있었습니다. 3.1 운동의 민족 대표 33인 중 16명이 그리스도인이었다는 사실은 당시 교회가 가지고 있었던 공적 책임 의식을 잘 보여 줍니다.

초기 한국 기독교는 개인 영혼 구원을 넘어 사회 개혁의 주체로 활동했습니다. 그들은 복음 전파와 함께 의료 사업, 교육 사업, 여성 계몽, 민족의식 고취 등 다양한 영역에서 사회적 책임을 다했습니다. 당시 그리스도인들은 신앙인으로서의 정체성과 국민으로서의 책임을 분리하지 않았습니다.

하지만 해방 이후, 특히 1970-80년대를 거치며 한국 교회는 점차 복음의 공적 차원을 잃어버리고 개인 구원과 교회 성장에만 집중하게 되었습니다. 일부 진보적 교회들이 사회 참여를 강조했지만, 그것은 다시 정치 이념에 종속되는 형태로 진행되어 복음의 온전한 공공성을 담아 내지 못했습니다.

1950년대 이후 미국 선교사들을 통해 한국에 전해진 근본주의적 복음주의 신학은 개인 구원과 내세 지향적 신앙을 강조하며 이런 경향을 더욱 심화시켰습니다. 또한 한국의 급속한 산업화와 경제 성장 과정에서 물질적 축복을 강조하는 기복주의 신앙이 확산되면서, 공적 차원의 책임보다는 개인의 성공과 번영에 초점을 맞추는 경향이 강해졌습니다.

오늘날 우리에게 필요한 것은 복음의 사적 차원과 공적 차원이 균형을 이루는 총체적 신앙입니다. 예수 그리스도의 주 되심은 우리의 개인적 삶뿐만 아니라, 우리가 참여하는 모든 영역 곧, 가정, 직장, 문화, 경제, 그리고 정치에까지 미칩니다. 그리스도께서는 이 세상의 모든 영역을 향해 "이것은 내 것이다!"라고 외치셨습니다. 그리스도인은 모든 영역에서 그분의 주권을 인정하고 그분의 뜻에 따라 살아야 합니다. 이것이 바로 복음의 총체성이며, 우리가 회복해야 할 신앙의 모습입니다.

가이사의 것은 가이사에게, 하나님의 것은 하나님께

정치와 신앙의 관계를 논할 때 가장 많이 인용하는 구절은 아마도 마태복음 22장 21절일 것입니다.

> 가이사의 것은 가이사에게, 하나님의 것은 하나님께 바치라.

이 말씀은 종종 교회와 국가의 분리, 또는 종교와 정치의 분리를 주장하는 근거로 사용됩니다. 하지만 이 구절의 실제 맥락과 의미를 더 깊이 살펴볼 필요가 있습니다.

함정에 대한 지혜로운 대응

예수님의 이 말씀은 바리새인들과 헤롯 당원들이 파 놓은 교묘한 함정에 대한 응답이었습니다. 그들은 예수님께 로마 제국에 세금을 내는 것이 옳은지 물었습니다. 이는 어떻게 대답하든 곤경에 빠지도록 설계된 질문이었습니다. '네'라고 대답하면 로마의 점령에 저항하는 유대인들의 분노를 살 것이고, '아니오'라고 대답하면 로마에 대한 반역죄로 고발당할 수 있었습니다.

예수님은 동전을 보여 달라고 하신 후, 그 위에 새겨진 가이사의 형상을 지적하시며 이 말씀을 하셨습니다. 이는 단순히 정치와 종교의 영역을 나누라는 의미를 넘어, 더 깊은 지혜를 담고 있습니다.

예수님의 대답은 단순히 종교와 정치의 분리를 의미하지 않았습니다. 그보다는 세금을 내는 것이 로마에 대한 충성을 의미하지 않고, 로마 황제의 신적 지위에 대한 인정도 아니라는 점을 지적하신 것입니다. 당시 유대인들에게 '하나님의 것'은 그들의 전 존재를 포함했으며, 이는 가이사의 권위보다 훨씬 우선했습니다.

두 가지 충성의 충돌과 우선순위

예수님의 대답은 그리스도인이 두 세계의 시민으로서 이중 충성의 상황에 놓여 있음을 인정합니다. 우리는 한편으로는 이 세상 국가의 시민이며, 다른 한편으로는 하나님 나라의 시민입니다(빌 3:20). 이 두 충성이 충돌하지 않을 때는 문제가 없습니다. 그러나 갈등이 생길 때, 우리는 '가이사의 것'과 '하나님의 것'을 명확히 구분해야 합니다.

여기서 중요한 점은 동전에 가이사의 형상이 새겨져 있기 때문에 그것이 가이사에게 속한 것이지만, 인간은 하나님의 형상대로 창조되었기 때문에(창 1:27) 우리의 궁극적 충성은 하나님께 속한다는 것입니다. 다시 말해, 국가에 대한 의무를 인정하면서도, 하나님의 주권이 모든 것 위에 있음을 선언하고 있습니다.

예수님의 가르침은 정치와 종교를 분리하지 않고, 오히려 모든 인간 제도와 권위가 하나님의 궁극적 권위 아래 있음을 보여 줍니다. 가이사는 동전을 가질 수 있지만, 우리의 삶과 충성은 하나님께 속합니다.

경계 설정의 어려움

한국 교회의 역사를 보면, '가이사의 것'과 '하나님의 것'의 경계를 설정하는 것이 항상 쉽지 않았습니다. 일제 강점기, 신사 참배 강요 앞에서 많은 교회 지도자들은 타협했지만, 일부는 '우상 숭배는 하나님의 것을 가이사에게 주는 일'이라며 저항했고 그로 말미암아 순교했습니다. 이들은 국가 권력의 한계를 분명히 인식하고 있었습니다.

한편, 군사 독재 시기에는 많은 교회들이 국가 권력에 순응하는 모습을 보였습니다. "위에 있는 권세들에게 복종하라"(롬 13:1)는 성경 구절이 정치적 불의에 대한 침묵을 정당화하는 데 사용되기도 했습니다. 반면 일부 교회와 그리스도인들은 독재에 저항하며 민주화 운동에 참여했는데, 그들은 이것이 하나님의 정의와 공의라는 가치를 실현하는 것이라고 믿었습니다. 이 지점에서 교회 간에 정치적 긴장감이 발생했습니다.

오늘날 한국의 그리스도인들도 비슷한 도전에 직면해 있습니다. 낙태, 성 소수자 권리, 복지 정책, 환경 문제 등 다양한 사회적 이슈들 앞에서 우리는 무엇이 '가이사의 것'이고 무엇이 '하나님의 것'인지 분별해야 합니다.

예컨대, 우리의 고민 중 하나는 이런 것입니다.

> 국가가 동성 결혼을 합법화하면, 교회는 어떻게 대응해야 할까요? 법을 따라야 할까요, 아니면 성경적 가르침을 고수해야 할까요?

이것이 바로 '가이사의 것'과 '하나님의 것'이 충돌하는 지점입니다. 그리스도인은 국가의 합법적 권위를 인정하면서도, 그 권위가 하나님의 뜻에 명백히 반할 때는 "사람보다 하나님께 순종하는 것이 마땅하니라"(행 5:29)라는 원칙을 따라야 하는데, 오늘날에는 이런 원칙의 적용이 꽤 복잡해지고 있습니다.

예수님은 왜 '정치적' 왕이 아니셨는가?

예수님 당시 많은 유대인들은 로마의 압제에서 이스라엘을 해방시킬 정치적, 군사적 메시아를 기대했습니다. 이러한 기대는 당시 유대 사회에 널리 퍼져 있었고, 열심당과 같은 무장 저항 집단들이 활발하게 활동하고 있었습니다. 그들은 메시아가 다윗왕처럼 군사적 지도자로 등장하여 로마의 압제에서 이스라엘을 해방시킬 것이라 믿었습니다.

실제로 요한복음 6장 15절을 보면 사람들은 예수님을 억지로 왕으로 삼으려 했습니다. 이것은 오병이어 기적 이후에 일어난 일로, 많은 사람들이 예수님을 정치적 메시아로 보고 그분을 왕으로 추대하려 했습니다. 그러나 예수님은 그러한 시도를 피하셨고, 빌라도 앞에서 "내 나라는 이 세상에 속한 것이 아니니라"(요 18:36)라고 말씀하셨습니다.

그렇다면 이것이 예수님께서 정치에 관심을 두지 않으셨다는 의미일까요? 그렇지 않습니다. 오히려 예수님은 더 근본적인 변화를 추구하셨습니다.

정치 세력을 넘어선 더 큰 적

당시 많은 유대인들은 로마를 주적으로 여겼지만, 예수님은 로마보다 더 근원적인 문제, 즉 죄와 사망의 권세를 다루기 위해 오셨습니다. 예수님은 단지 정치적 압제자를 바꾸는 것이 아니라 인간의 마음과 사회의 근본 가치를 변혁하려 하셨습니다.

예수님은 정치적 혁명을 통한 사회 변혁보다 더 근본적인 것을 추구하셨습니다. 그분은 인간 마음의 변화가 먼저 일어나야 진정한 사회 변혁이 가능함을 아셨습니다. 따라서 복음의 핵심은 개인의 회심과 신앙 갱신이지만, 그 결과는 반드시 사회적 차원의 변화로 확장되어야 합니다.

정치적 혁명이 단기적으로는 효과가 있을지 모르지만, 인간의 죄성이 변화되지 않는 한 새로운 압제자가 등장하는 악순환을 막을 수 없습니다. 역사는 이러한 패턴을 반복해서 보여 주었습니다. 예수님은 이런 순환을 깨기 위해 더 근본적인 변화를 추구하셨던 것입니다.

정치보다 더 크고 높은 메시지

예수님은 정치적 왕국을 세우시지 않았지만, 그렇다고 정치적으로 무관심하거나 현상 유지를 지지하시지도 않았습니다. 오히려 그분은 당시 사회의 가치 체계와 권력 구조를 근본적으로 전복시키는 혁명적 메시지를 전하셨습니다.

예수님은 우리에게 정치적 방관자가 되라고 가르치시지 않았습니다. 그분은 분명히 세상의 권력 구조와 가치 시스템에 도전하셨습니다. 그러나 그분의 혁명은 칼이나 폭력으로 되는 것이 아니라 진리와 사랑의 능력, 그리고 십자가와 부활의 능력으로 이루어지는 것이었습니다.

예수님은 "온유한 자는 복이 있나니 그들이 땅을 기업으로 받을 것"(마 5:5)이라고 선언하셨습니다. 이는 당시 로마 제국의 가치관, 다시 말해 '강자만이 살아남는다'는 철학과 정면으로 대치되는 가치관이었습니다. 또한 예수님은 지배자들이 '권력을 이용해 백성을 억압한다'며 비판하시고, 자신의 제자들에게는 '너희 중에 큰 자는 섬기는 자가 되어야 한다'(마 20:25-26)고 가르치셨습니다. 이는 당시의 정치적, 사회적 질서에 대한 근본적 도전이었습니다.

예수님은 성전에서 장사하는 사람들을 내쫓으시고(마 21:12-13), 종교 지도자들의 위선을 공개적으로 비판하셨으며(마 23장), 가난한 자들에 대한 하나님의 특별한 관심을 선포하셨습니다(눅 6:20-21). 이 모든 행동과 가르침은 당시의 종교적, 정치적, 경제적 질서를 흔드는 혁명적 성격을 띠고 있었습니다.

예수님의 마지막 일주일 동안의 행적은 특히 정치적 의미가 컸습니다. 그분은 당시 유대인들이 이스라엘의 해방을 기념하는 유월절에 예루살렘에 입성하셨고, 나귀를 타고 들어가심으로써 스가랴 9장 9-10절의 예언을 성취하셨습니다. 이는 분명한 메시아적, 왕적 선언이었으며, 로마 제국에 대한 대안적 정치 질서의 암시였습니다.

예수님의 종려 주일 입성은 분명한 정치적 행위였습니다. 그러나 세상이 이해하는 방식의 정치가 아니었습니다. 예수님은 군사적 힘이 아니라 자기희생적 사랑을 통해 세상을 변화시키는 '다른 종류의 왕'으로 오셨습니다. 그분의 왕국은 폭력과 강제가 아니라 진리와 사랑을 통해 확장됩니다.

십자가, 진정한 변혁의 길

예수님은 정치적 권력이 아닌 십자가의 길을 선택하셨습니다. 십자가는 로마의 정치적 처형 도구였지만, 예수님은 이를 하나님의 사랑과 능력이 드러나는 장소로 변화시키셨습니다. 십자가에서 예수님은 "아버지, 저 사람들을 용서하여 주십시오"(눅 23:34, 새번역)라고 기도하셨습니다. 이는 '원수를 미워하라'는 세상의 논리를 뒤집는 혁명적 행동이었습니다. 예수님은 폭력과 증오가 아닌, 사랑과 용서를 통한 변혁의 길을 보여 주셨습니다. 십자가는 세상의 권력 논리를 완전히 전복시킵니다. 세상은 힘과 지배를 통해 변화를 추구하지만, 예수님은 자기 비움과 희생을 통해 세상을 변화시키셨습니다.

십자가는 그리스도인의 정치 참여 방식이 세상의 그것과 어떻게 달라야 하는지를 보여 주는 궁극적 상징입니다. 초대 교회는 이러한 예수님의 방식을 따라 로마 제국 내에서 '대안적 공동체'로 살아갔습니다. 그들은 정치적 혁명을 일으키지는 않았지만, 성별, 계급, 민족을 초월한 평등한 공동체를 형성하고, 가난한 자들을 돌보며, 박해 속에서도 원수를 사랑하는 삶을 통해 로마 사회에 깊은 영향을 미쳤습니다.

초대 교회는 로마 제국에 대항하는 정치적 혁명을 시도하지 않았습니다. 그러나 그들의 삶의 방식 자체가 로마의 가치 체계에 대한 평화로운 도전이었습니다. 그들이 형성한 공동체에서는 노예와 자유인, 남자와 여자, 유대인과 이방인의 구별이 사라졌습니다. 이것은 계급과 신분을 기반으로 하는 로마 사회에 대한 가장 근본적인 도전이었습니다.

그렇다면 그리스도인의 정치 참여 방식은 어떠해야 할까요? 성경은 우리에게 어떤 지침을 제공할까요?

먼저, 우리는 하나님의 주권을 인정하면서도 세상 속에서 '빛과 소금'으로 살아가라는 부르심을 받았습니다(마 5:13-16). 이는 사회 속에서 그리스도인의 선한 영향력을 발휘해야 함을 의미합니다.

둘째, 우리의 정치 참여는 권력 추구가 아니라 섬김의 자세로 이루어져야 합니다. 예수님은 "인자가 온 것은 섬김을 받으려 함이 아니라 도리어 섬기려 하고 자기 목숨을 많은 사람의 대속물로 주려 함이니라"(막 10:45)라고 말씀하셨습니다. 이런 섬김의 정신은 정치 참여에도 적용되어야 합니다.

셋째, 우리는 정치 이슈를 하나님 나라 관점에서 바라보는 분별력을 갖추어야 합니다. 단순히 세속적 이념이나 정당 노선을 따르는 것이 아니라, 성경적 가치인 정의, 평화, 생명 존중, 약자 보호 등을 기준으로 정치적 판단을 내려야 합니다.

넷째, 우리는 정치 견해가 다른 교인들과의 일치를 추구해야 합니다. 사도 바울은 "모두가 같은 말을 하고 너희 가운데 분쟁이 없이 같은 마음과 같은 뜻으로 온전히 합하라"(고전 1:10)라고 권면했습니다. 정치 견해 차이로 교회의 일치가 훼손되어서는 안 됩니다.

그리스도인의 정치 참여는 세속적 권력을 장악하기 위한 것이 아니라 하나님의 정의와 공의를 이 세상에 구현하기 위한 것이어야 합니다. 우리는 예수님처럼 권력을 통한 지배가 아니라 섬김과 희생을 통한 변화를 추구해야 합니다.

오늘날 한국 교회에 주는 교훈

이러한 성경적 가르침은 오늘날 한국 교회와 그리스도인들에게 어떤 의미가 있을까요? 최근 몇 년간 한국 교회 안에서도 정치적 양극화 현상이 심화되고 있습니다. 보수적 신앙을 가진 그리스도인들과 진보적 신앙을 가진 그리스도인들 사이의 갈등이 증폭되고, 때로는 같은 교회 안에서도 정치 견해 차이에 따른 분열이 발생하고 있습니다. 일부 교회들은 특정 정치적 입장을 신앙의 본질과 연결시키며, 다른 정치 견해를 가진 형제자매들을 배척하기도 합니다. 이러한 현상은 교회가 복음의 본질보다 세속적 이데올로기에 더 영향을 받고 있음을 보여 줍니다. 안타까운 현실입니다.

세속화는 신앙을 순전히 개인적인 영역으로 축소시키고, 정치화는 신앙을 정치적 이데올로기의 도구로 전락시킵니다. 그리스도인은 이 두 극단을 피하고 '왕이신 예수님'의 주권 아래 살아가는 제3의 길을 찾아야 합니다. 다음과 같은 원칙들이 도움이 될 수 있습니다.

첫째, 복음의 총체성을 회복해야 합니다. 복음은 단순히 개인의 영혼 구원만이 아니라 하나님의 통치가 삶의 모든 영역에서 이루어지는 전인적, 전 사회적 메시지입니다. 따라서 그리스도인은 정치를 포함한 공적 영역에 무관심해서는 안 됩니다.

둘째, 이중 시민권에 대한 바른 이해가 필요합니다. 그리스도인은 한국 사회의 시민이면서 동시에 하나님 나라의 시민입니다. 우리는 국가의 합법적 권위를 존중하지만, 그것이 하나님의 뜻에 어긋날 때에는 하나님의 뜻을 우선해야 합니다.

셋째, 정치 참여 방식에 대한 분별이 중요합니다. 예수님은 정치적 권력 장악이 아니라 가치관의 변혁을 통한 사회 변화를 추구하셨습니다. 오늘날 그리스도인의 정치 참여도 단순히 권력 추구가 아니라 공동선과 하나님 나라의 가치를 실현하는 방향으로 이루어져야 합니다.

넷째, 대안 공동체로서의 교회 역할을 회복해야 합니다. 교회는 정치적 진영 논리를 초월하여 다양한 배경과 견해를 가진 사람들이 그리스도 안에서 하나 되는 공동체가 되어야 합니다. 이러한 교회 공동체 자체가 분열된 사회에 강력한 메시지가 될 수 있습니다. 교회가 세상의 분열과 갈등을 뛰어넘어 하나 된 공동체로 살아갈 때, 그것은 하나님 나라의 새로운 현실을 가장 설득력 있게 증언할 것입니다.

다섯째, 십자가의 방식을 따라야 합니다. 그리스도인의 정치 참여는 증오, 분노, 적대감이 아니라 사랑, 정의, 화해의 정신으로 이루어져야 합니다. 우리는 정치적 승리보다 하나님의 성품을 드러내는 것을 우선해야 합니다.

정치적이지만 당파적이지 않은 복음

결론적으로, 예수님과 성경의 가르침은 그리스도인들이 정치에 무관심해야 한다고 말하지 않습니다. 오히려 하나님 나라의 가치를 이 세상에 구현하기 위해 공적 영역에 적극적으로 참여할 것을 권장합니다.

그러나 그 참여 방식은 세상의 그것과 달라야 합니다. 특정 정당이나 정치인에 대한 맹목적 충성이 아니라 성경적 원칙과 가치에 기반한 분별력 있는 방식으로 참여해야 합니다. 다시 말해, 복음은 정치적이지만 당파적이지 않아야 합니다.

그리스도인의 정치 참여는 특정 정당이나 정치 세력에 충성하는 것이 아니라 성경적 원칙을 공적 영역에 적용하는 것이어야 합니다. 우리는 정당을 넘어서 생명의 존엄성, 인간의 가치, 정의와 공의와 같은 하나님 나라의 가치를 추구해야 합니다. 우리는 정의, 평화, 생명 존중, 약자 보호와 같은 성경적 가치를 추구해야 하는데, 이러한 가치들을 어느 한 정당이나 이념이 독점할 수 없습니다. 때로는 보수 정당의 정책이, 때로는 진보 정당의 정책이 이러한 가치들에 더 부합할 수 있습니다.

그리스도인은 정치적 분별력을 가지고 이념적 편향을 경계하며, 하나님 나라의 관점에서 현실 정치를 바라볼 수 있어야 합니다. 그리고 무엇보다 정치 견해의 차이로 말미암아 그리스도 안에서의 일치가 깨지지 않도록 서로 존중하고 대화하는 법을 배워야 합니다.

그리스도인들이 정치 견해 차이로 분열될 때, 우리는 세상에 잘못된 메시지를 전달하게 됩니다. 우리는 그리스도 안에서의 하나 됨이 정치적 일치보다 더 중요함을 보여 주어야 합니다. 이것이 세상을 향한 우리의 강력한 증언이 될 것입니다.

예수님도 정치에 대해 말씀하셨나요? 네, 분명히 말씀하셨습니다. 그러나 그것은 세상의 정치 논리를 따르는 것이 아니라 세상을 변혁시키는 하나님 나라의 정치학이었습니다. 오늘을 살아가는 우리도 그 길을 따라가야 합니다.

한국 교회는 오랫동안 정치 참여에 대한 혼란과 갈등을 경험해 왔습니다. 한편에는 정치 참여를 배제하는 영성주의가 있었고, 다른 한편에는 특정 정치 이념에 지나치게 경도된 모습도 있었습니다. 이제 우리는 복음의 총체성을 회복하고, 예수님께서 보여 주신 대안적 정치 참여의 길을 따라야 할 때입니다. 그것은 권력 쟁탈이 아닌 섬김의 정치, 분열이 아닌 화해의 정치, 배타성이 아닌 포용의 정치입니다.

한국 교회는 복음의 공공성을 회복해야 합니다. 이는 교회가 정치화되는 것이 아니라, 오히려 복음의 빛으로 정치를 포함한 모든 영역을 조명하는 것입니다. 그리스도인은 정치에 참여하지만, 예수님의 방식으로 참여해야 합니다.

나눔을 위한 질문

1) 교회 안에서 정치 이야기를 꺼내는 것이 왜 불편하게 느껴질까요?

2) 여러분은 지금까지 복음을 얼마나 '개인적인 것'으로 이해해 왔나요?

3) 그리스도인이 사회 문제에 관심을 갖는 것은 신앙과 어떤 관련이 있을까요?

4) '가이사의 것'과 '하나님의 것'을 오늘날 우리 현실에서 어떻게 구분할 수 있을까요?

5) 정치에 참여하면서도 당파적이지 않을 수 있을까요? 그렇다면 어떻게 가능할까요?

6) 교회 안에서 정치적 견해가 다른 사람들과 건강하게 소통하려면 무엇이 필요할까요?

7) 예수님은 정치에 대해 뭐라고 말씀하셨을까요? 특히, 요즘 교회가 보이는 정치 행위에 대해 무슨 말씀을 하셨을지 생각해 봅시다.

코로나19 팬데믹 시기, 한국 교회는 국가의 방역 정책과 종교적 자율성 사이에서 중대한 결정을 내려야 했습니다. 많은 교회 지도자들은 정부의 집합 제한 조치에 대해 상반된 입장을 보였습니다.

한쪽에서는 '예배의 본질적 가치와 신앙의 자유를 지켜야 한다'는 목소리를 냈고, 다른 한쪽에서는 '공공 안전과 이웃 사랑 실천을 위해 제한된 예배 형태를 받아들여야 한다'고 주장했습니다. 일부 교회는 정부 지침을 하나님을 향한 신앙보다 세속적 권위를 우선시하는 것으로 해석했고, 또 다른 교회들은 동일한 상황을 공동체의 건강과 안전을 위한 잠정적 조치로 이해했습니다.

이러한 논쟁은 단순한 방역 문제를 넘어, 교회와 국가의 관계, 그리고 그 경계를 어떻게 설정할 것인가에 대한 근본적 질문을 제기했습니다. 어디부터 어디까지가 교회의 권위 영역이고, 국가의 권위 영역일까요? 그리스도인은 이 두 권위 사이에서 어떤 태도를 취해야 할까요? 신앙의 자유와 공공선 사이의 균형점은 어디에 있을까요?

이번 장에서는 교회 역사 속에서 발전해 온 '두 왕국 이론'을 중심으로 이러한 질문들을 탐구해 보겠습니다. 현대 한국 교회가 직면한 다양한 정치적, 사회적 도전 속에서 이 신학적 전통이 어떤 지혜를 제공할 수 있는지 살펴보겠습니다. 특히 코로나19와 같은 위기 상황에서 교회와 국가의 적절한 관계 설정이 왜 중요한지, 그리고 이것이 교회의 사명과 정체성에 어떤 영향을 미치는지 논의하겠습니다.

아우구스티누스의 두 도성, 루터의 두 왕국, 칼뱅의 이중 정부

아우구스티누스의 두 도성

교회와 국가 관계에 대한 가장 영향력 있는 신학적 사상 중 하나는 5세기 북아프리카의 주교 아우구스티누스가 제시한 '두 도성론'입니다. 아우구스티누스는 『신국론』에서 인류 역사는 '하나님의 도성'과 '인간의 도성'이라는 두 공동체가 병존하며 전개된다고 설명했습니다. 하나님의 도성은 하나님을 사랑하는 자들의 공동체이며, 인간의 도성은 자기 자신을 사랑하는 자들의 공동체입니다. 이 두 도성은 역사 속에서 서로 얽혀 있으나 최후의 심판에서 분리될 것이라고 아우구스티누스는 예견했습니다.

그러나 이것이 단순히 교회와 국가를 구분하는 것은 아닙니다. 아우구스티누스에 따르면, 지상의 교회와 국가는 모두 이 두 도성의 혼합체입니다. 교회 안에도 자기 사랑에 빠진 사람들이 있고, 국가 안에도 하나님을 사랑하는 사람들이 있습니다. 따라서 아우구스티누스는 가시적 교회(교회 제도)와 불가시적 교회(참된 신자들)를 구분했으며, 동시에 국가가 완전히 부패한 것이 아니라 하나님의 섭리 안에서 중요한 역할을 한다고 보았습니다.

아우구스티누스의 통찰은 교회와 국가가 서로 다른 원리와 목적에 따라 운영되지만 현실에서는 완전히 분리될 수 없는 복잡한 관계에 있음을 보여 줍니다. 특히 그의 『신국론』은 로마 제국의 몰락이라는 역사적 위기 속에서 집필되었다는 점에서, 정치적 격변기에 그리스도인의 정체성과 정치적 책임을 어떻게 이해해야 하는지에 대한 중요한 시사점을 제공합니다.

아우구스티누스는 '현세적 평화'와 '영원한 평화'를 구분했습니다. 그는 그리스도인들이 영원한 평화를 추구하면서도 현세적 평화의 가치를 인정하고, 가능한 한 이를 증진시켜야 한다고 가르쳤습니다. 이러한 관점은 오늘날 교회가 세속 사회와 어떻게 관계를 맺어야 하는지에 대한 균형 잡힌 시각을 제공합니다.

루터의 두 왕국

16세기 종교 개혁자 마르틴 루터는 아우구스티누스의 사상을 발전시켜 '두 왕국 이론'을 정립했습니다. 루터는 하나님께서 세상을 다스리시는 두 가지 방식, 즉 영적 왕국과 세속적 왕국이라는 두 개의 '통치 체제'가 있다고 가르쳤습니다.

영적 왕국은 하나님께서 복음을 통해 다스리시는 영역으로, 교회,

신자들의 양심과 관련됩니다. 이 왕국에서 하나님은 말씀과 성령을 통해 사람들의 마음을 변화시키시며, 이 왕국의 통치 원리는 강제력이 아니라 사랑과 자발적 순종입니다. 루터는 이 영역에서 인간의 행위가 아니라 하나님의 은혜만이 구원을 가져온다고 강조했습니다.

세속적 왕국은 하나님께서 법과 정부를 통해 다스리시는 영역으로, 사회 질서, 외적 행위와 관련됩니다. 이 왕국에서 하나님은 정부, 법, 때로는 물리적 강제력을 통해 악을 억제하고 평화를 유지하십니다. 루터는 이 영역이 죄로 말미암아 타락한 세상에서 필요한 하나님의 섭리적 질서라고 보았습니다.

루터는 두 왕국 모두 하나님의 주권 아래 있지만, 그 작동 방식과 목적이 다르다고 강조했습니다. 영적 왕국은 구원과 영원한 생명을 위한 것이고, 세속적 왕국은 현세의 질서와 평화를 위한 것입니다. 그는 이 두 영역을 혼동하는 것이 중세 교회의 주요 문제였다고 진단했습니다.

루터의 이론은 중세 시대 교회가 세속 권력을 장악하려 했던 상황에 대한 반발로 등장했습니다. 루터는 이를 통해 교회와 국가의 영역을 구분함으로써 신앙의 자유를 확보하고자 했습니다. 이는 오늘날 정교분리와 종교 자유의 원칙에 중요한 이론적 기초를 제공했습니다.

루터의 두 왕국 이론은 특히 그가 농민 전쟁(1524-1525) 당시 취한 입장에서 잘 드러납니다. 그는 농민들의 사회적 불만이 정당하다고 인정하면서도, 무력 저항을 지지하지 않았습니다. 그는 복음이 영적 자유를 가져오지만, 이것이 즉각적인 사회 정치적 혁명으로 이어져서는 안 된다고 생각했습니다.

칼뱅의 이중 정부

종교 개혁자 장 칼뱅은 루터의 두 왕국 이론을 수용하면서도 교회와 국가의 관계에 대해 더 통합적이고 분별적인 관점을 제시했습니다. 칼뱅은 『기독교 강요』 3권 19장에서 이중적인 통치에 대한 자신의 견해를 상세히 설명합니다. 그는 '두 정부'를 구분하면서도, 둘 다 하나님의 주권 아래 있음을 강조합니다.

> 하나는 영적인 통치인데, 이를 통해서 양심이 경건과 하나님을 예배하는 일에 훈련을 받는다. 또 하나는 국가적인 통치인데, 이를 통해서 개인이 사람으로서와 국가의 시민으로서 반드시 수행하여야 할 의무들에 대해서 교훈을 받는 것이다. 이 두 가지 형식의 통치를 가리켜 통상 영적 관할권과 세속적 관할권이라는 명칭을 붙이는데 부적절하지는 않은 것 같다. • 『기독교 강요』 3권 19장 15절[1]

칼뱅이 말하는 이중적인 통치를 이해하기 위해서는 이 두 영역의 고유성과 관계를 올바르게 인식하는 지혜가 필요합니다. 즉, 영적 영역(교회)과 시민적 영역(국가)이 각각 다른 기능과 권위를 가지고 있음을 인정하면서도, 두 영역 모두 궁극적으로 하나님의 주권 아래 있으며 서로 보완적인 관계에 있음을 올바르게 인식해야 합니다.

칼뱅은 『기독교 강요』 4권 20장에서 이 두 영역을 혼동하는 위험성을 경계하면서도, 둘 사이의 연결성을 강조합니다. 즉, 영적 영역과 시민적 영역을 구분하면서 이 둘이 서로 대립하는 것이 아니라 하나님의 한 주권 안에서 서로를 돕는다는 것입니다. 칼뱅은 구분되나 분리되지 않는 하나님의 이중 통치, 곧 영적 통치와 세속적 통치에 대해 올바른 분별이 반드시 필요하다는 것을 역설합니다.

> 육체와 영혼을, 또한 덧없이 지나가는 이 땅의 삶과 미래의 영원한 삶을 서로 구분할 줄 아는 사람이라면 누구나 그리스도의 영적인 나라와 국가의 통치 질서가 서로 전연 별개의 것이라는 사실을 어렵지 않게 알 것이다. • 『기독교 강요』 4권 10장 1절[2]

이처럼 칼뱅은 두 영역의 구분을 분명히 하면서도, 동시에 이 두 영역이 서로 배타적이거나 적대적 관계가 아니라 상호 보완적 관계임을 강조했습니다.

칼뱅의 제네바 실험은 이러한 정치 신학의 실천적 적용이었습니다. 그는 교회와 시 의회의 영역을 구분하면서도, 사회 전체가 하나님의 말씀에 따라 개혁되어야 한다고 주장했습니다. 이는 교회가 국가에 복속되거나 반대로 교회가 국가를 지배하는 것이 아니라, 각 영역이 상호 존중하면서 하나님의 뜻에 따라 협력하는 모델이었습니다. 칼뱅은 제네바에서 시 의회(국가)의 독립적 권위를 인정하면서도, 목사들로 구성된 꽁시스투아(교회 법정)를 통해 시민들의 도덕적 생활을 감독했습니다. 이는 교회와 국가가 서로 구분되면서도 긴밀하게 협력하는 모델을 보여 줍니다. 중요한 점은 칼뱅이 교회 법정에 물리적 처벌 권한을 부여하지 않고, 영적 권징(예를 들어 성찬 참여 제한)만 할 수 있도록 국한시켰다는 것입니다. 반면 시민법 위반에 대한 물리적 처벌은 시 정부의 권한으로 남겨 두었습니다.

칼뱅의 이중 통치에 대한 이해는 후대에 다양한 방식으로 해석되고 발전되었습니다. 한쪽에서는 두 영역의 구분을 강조하는 전통적 두 왕국 이론으로, 다른 쪽에서는 모든 영역에서 그리스도의 주권을 강조하는 신칼뱅주의로 발전했습니다. 이 두 흐름은 대립적인 것이 아니라 칼뱅의 포괄적 사상의 서로 다른 측면을 강조한 것으로 볼 수 있습니다.

아우구스티누스가 로마 제국의 몰락이라는 역사적 상황에서, 루터가 중세 교회의 권력 남용이라는 맥락에서 각자의 이론을 발전시켰다면, 칼뱅은 종교 개혁 이후 새로운 교회와 국가의 관계를 재정립해야 하는 과제 속에서 자신의 '이중 정부' 이론을 구체화했습니다. 이는 오늘날 한국 교회가 민주주의 체제 안에서 자신의 역할과 정체성을 재정립해야 하는 상황과 유사합니다.

오늘날의 두 왕국 이론

두 왕국 이론을 주장하는 현대 개혁주의 신학자들

칼뱅의 두 왕국에 대한 이러한 접근은 현대 개혁파 신학자들에게 다양한 방식으로 계승되었습니다. 마이클 호튼, 데이비드 반드루넨, 매튜 튜이닝가, 스콧 클라크, 칼 트루먼과 같은 현대 신학자들은 칼뱅의 정치 신학을 현대적 맥락에서 재해석하는 중요한 작업을 수행했습니다.

마이클 호튼은 『개혁주의 기독교 세계관』과 『언약과 종말론』 등의 저서에서 '두 통치 아래의 두 도시' 모델을 통해 교회와 세상의 관계에 대한 풍부한 신학적 이해를 제시합니다. 호튼에 따르면, 하나님은 두 가지 방식으로 세상을 다스리십니다. 첫째는 일반 은총의 통치로서 모든 피조물에게 적용되며, 둘째는 특별 은총의 통치로서 교회와 믿는 자들에게 적용됩니다. 호튼은 교회가 세상을 변화시키기 위한 사회 정치적 기관으로 변질되는 것을 경계하면서도, 그리스도인들이 세상에서 완전히 분리된 채 살아가는 것을 반대합니다. 교회는 복음 선포와 성례전 집행이라는 고유한 영적 사명에 충실해야 하지만, 동시에 그리스도인들은 하나님께서 세우신 세상의 질서 안에서 시민으로서 공적 영역에 책임 있게 참여해야 한다는 균형 잡힌 관점을 제시합니다.

그는 특히 현대 복음주의 교회가 '교회가 세상을 바꾸어야 한다'는 열망으로 복음의 본질에서 벗어나는 경향을 비판하면서, '교회는 교회가 되어야 한다'고 주장합니다. 호튼은 교회가 복음의 신비에 집중할 때, 결과적으로 그리스도인들이 세상에서 소금과 빛으로 살아갈 수 있게 된다고 강조합니다.

데이비드 반드루넨은 『자연법과 두 왕국』에서 칼뱅의 두 왕국 이론을 언약 신학과 더욱 체계적으로 연결시켰습니다. 반드루넨은 개혁주의 전통 안에서 두 왕국 교리의 역사적 발전을 추적하며, 특히 칼뱅과 초기 개혁주의자들의 견해를 현대적 맥락에서 재해석합니다. 그는 언약 구조를 통해 두 왕국 이론을 설명합니다.

창조 언약(노아 언약)은 모든 인간에게 적용되는 자연법의 기초가 되며, 이는 하나님의 일반적 통치와 관련됩니다. 이 영역에서는 모든 인간이 하나님의 형상대로 창조되었기에 공통된 도덕적 이해와 사회적 책임을 공유합니다. 반드루넨은 이것이 현대 다원주의 사회에서 그리스도인이 비그리스도인과 함께 일할 수 있는 공통 기반이 된다고 봅니다.

구속 언약(아브라함과 그리스도 언약)은 교회와 믿는 자들에게 적용되며, 하나님의 특별한 구원 역사와 관련됩니다. 이는 교회의 영적 사명의 기초가 되며, 복음과 성례전을 통한 은혜의 사역에 초점을 맞춥니다. 이 영역은 세상과 구별된 교회의 독특한 정체성을 형성합니다.

반드루넨은 그리스도인들이 두 왕국의 시민으로서 이중 시민권을 가지고 있다고 말하는데, 이 표현은 그리스도인의 이중적 정체성을 잘 요약합니다. 이는 그리스도인이 천국 시민권(빌 3:20)을 가지면서도 동시에 지상 시민으로서의 책임(롬 13장)을 다해야 함을 의미합니다. 그의 접근법은 특히 종교적 다원주의 사회에서 그리스도인의 정체성과 참여 방식에 대한 유용한 지침을 제공합니다. 반드루넨은 자연법에 기초한 공공 담론의 중요성을 강조하면서, 교회는 세속 사회를 기독교화하려고 시도하기보다는 독특한 구속적 공동체로서의 정체성을 유지하는 데 집중해야 한다고 주장합니다.

매튜 튜이닝가는 『칼뱅의 정치 신학과 교회의 공적 참여』[3]에서 칼뱅의 두 왕국 이론에 대한 새로운 해석을 제시합니다. 튜이닝가는 칼뱅이 종종 정교분리나 극단적 정치 참여라는 두 극단으로 오해받아 왔다고 지적하면서, 칼뱅의 두 왕국 이론이 사실은 교회의 공적 참여에 대한 균형 잡힌 관점을 제공한다고 주장합니다.

그에 따르면, 칼뱅은 교회와 국가의 영역을 구분하면서도, 교회가 공적 영역에서 예언자적 목소리를 내야 한다고 보았습니다. 특히 사회 정의, 가난한 자들을 위한 옹호, 그리고 공공선을 위한 교회의 역할을 강조했습니다. 튜이닝가는 칼뱅에게 있어 그리스도의 두 왕국 이론은 교회의 공적 참여를 제한하기보다는 오히려 그것을 특정한 방식으로 형성하고 안내하는 역할을 했다고 설명합니다.

튜이닝가는 칼뱅의 제네바에서 교회가 어떻게 사회 복지, 교육, 경제 윤리 등의 영역에서 적극적으로 참여했는지를 역사적으로 분석하면서, 이것이 오늘날 교회의 공적 참여에 대한 모델이 될 수 있다고 제안합니다. 그는 칼뱅의 사상에서 교회의 공적 책임과 예언자적 증언의 중요성을 재발견함으로써, 두 왕국 이론이 단순히 정교분리 이론만이 아니라 교회의 적극적 공적 참여의 신학적 기초가 될 수 있음을 보여 줍니다.

스콧 클라크는 『개혁파 신앙의 회복』에서 두 왕국 이론이 단순히 교회-국가 분리 이론만이 아니라 창조와 구속의 구분에 기초한 신학적 원리임을 강조합니다. 그는 종교 개혁 시대 개혁파 전통이 어떻게 두 왕국 이론을 이해했는지를 역사적으로 추적하면서, 특히 문화적 변혁주의와의 관계에서 두 왕국 이론이 갖는 균형적 관점을 강조합니다. 그에 따르면, 현대 개혁파 교회는 세상을 변혁시키는 데 집중하느라 복음 선포라는 본질적 사명을 소홀히 하는 경향이 있으며, 두 왕국 이론의 회복은 이러한 불균형을 바로잡는 데 도움이 됩니다.

클라크는 교회의 본질적 사명이 사회 변혁보다는 말씀과 성례전을 통한 그리스도의 나라 건설에 있다고 강조합니다. 그는 교회가 정치적 프로그램이나 사회 운동으로 변질될 때 복음의 초점이 흐려질 위험이 있다고 경고하면서, 두 왕국의 구분이 교회의 순수성을 보존하는 데 필수적이라고 주장합니다. 동시에 그는 그리스도인 개인이 시민으로서 공적 영역에 참여하는 것의 중요성을 인정합니다.

칼 트루먼은 루터와 칼뱅의 두 왕국 이론을 비교하는 연구에서, 두 왕국 이론이 현대 세속주의 시대에서 기독교 신앙의 공적 표현에 중요한 통찰을 제공한다고 주장합니다. 그는 특히 포스트모던 문화 속에서 기독교적 가치가 도전받는 상황에서, 두 왕국 이론이 교회의 정체성과 사명을 보존하면서도 교회가 공적 영역에 참여할 수 있는 균형 잡힌 접근법을 제공한다고 강조합니다. 트루먼은 자신의 관련

저서에서 현대 정치 문화와 교회의 관계에 대해 두 왕국 이론의 관점에서 비평적 분석을 제공합니다.

트루먼은 특히 현대인의 자아가 탄생하는 과정을 추적하면서 현대 문화의 개인주의와 표현적 개인주의가 전통적인 두 왕국 이해에 어떤 도전을 제기하는지 분석합니다. 그는 교회가 단순히 시대 정신에 동화되거나 반대로 완전히 철수하는 대신, 두 왕국 이론에 근거하여 세상과 차별화된 독특한 공동체로 살아가면서도 동시에 적극적으로 문화에 참여해야 한다고 주장합니다.

이러한 현대 신학자들의 작업은 칼뱅의 두 왕국론을 오늘날의 복잡한 사회적, 정치적 맥락에 적용할 수 있는 중요한 통찰을 제공합니다. 그들은 칼뱅이 말한 두 왕국론의 현대적 의미를 탐구하면서 교회의 고유한 영적 사명과 그리스도인의 공적 책임 사이의 균형을 찾고자 했습니다.

칼뱅 정치 신학의 다양한 흐름

칼뱅의 정치 신학은 역사적으로 세 가지 주요 흐름으로 발전해 왔습니다. 이 세 흐름은 서로 경쟁하면서도 보완적인 관계에 있습니다.

첫째, 전통적 두 왕국 이론은 호튼과 반드루넨으로 대표되며, 영적 왕국과 세속적 왕국의 구분을 강조합니다. 이 관점은 교회의 고유한 영적 사명과 국가의 세속적 권위를 명확히 구분함으로써 교회의 순수성을 보존하고자 합니다. 이들은 두 영역의 구별이라는 측면을 강조합니다.

전통적 두 왕국 이론가들은 교회의 핵심 사명이 복음 선포와 제자 양육에 있다고 봅니다. 그들은 교회가 정치적 기관이나 사회 개혁 단체로 변질될 때 본질적 사명을 잃을 위험이 있다고 경고합니다. 이들에게 교회는 세상 속에서 '대안적 공동체'로 존재하며, 그리스도인들은 교회에서 양육받아 세상 속에서 소금과 빛의 역할을 수행해야 합니다.

이 관점은 특히 교회가 정치적으로 편향되거나 세속 권력과 지나치게 밀착되는, 이른바 '문화 기독교'(Christendom)의 위험성을 경계합니다. 역사적으로 교회가 정치 권력과 지나치게 가까워졌을 때 복음의 순수성과 예언자적 목소리를 잃어버린 사례들을 교훈 삼아, 교회의 독립성과 초월적 성격을 강조합니다.

둘째, 신칼뱅주의는 아브라함 카이퍼와 그의 후계자들로 이어지는 흐름으로, 모든 영역에서 그리스도의 주권을 강조합니다. 카이퍼의 유명한 말처럼 이 세상의 어떤 영역에서도 그리스도께서 '내 것이다!'라고 선언하지 않는 곳은 없습니다. 이 관점은 모든 영역이 궁극적으로 하나님의 주권 아래 있다는 측면을 강조합니다.

신칼뱅주의자들은 그리스도의 주권이 단지 교회나 개인의 영적 생활에만 국한되지 않고, 교육, 정치, 예술, 과학, 경제 등 모든 문화 영역에 미친다고 주장합니다. 그들은 '영역 주권'(sphere sovereignty) 개념을 통해 각 생활 영역이 고유한 권위와 책임을 가지면서도, 궁극적으로 하나님의 주권 아래 있음을 강조합니다.

카이퍼는 1898년 프린스턴대학교에서 행한 '칼뱅주의 강연'에서

'칼뱅주의는 기독교 세계관'이라고 선언하며, 그리스도인들이 단지 영적 구원에만 관심을 두는 것이 아니라 모든 삶의 영역에서 하나님의 주권을 인정하고 그에 따른 변혁을 추구해야 한다고 주장했습니다. 이러한 관점은 후에 네덜란드의 개혁주의 자유대학교, 미국의 칼빈대학교, 한국의 여러 기독교 대학들의 설립과 기독교적 정당 참여 등의 형태로 구체화되었습니다.

셋째, 공공 신학은 리처드 마우, 니콜라스 월터스토프, 제임스 스미스 등이 발전시킨 흐름으로, 두 왕국 이론과 신칼뱅주의의 통합을 모색합니다. 이들은 교회의 고유한 사명을 존중하면서도 그리스도인의 공적 참여를 강조하는 균형 잡힌 접근을 추구합니다.

공공 신학자들은 교회가 직접 정치 세력화되는 것은 경계하면서도, 교회가 공적 담론에 참여하고 사회 정의와 공공선을 위해 예언자적 목소리를 내야 한다고 주장합니다. 그들은 복음이 개인적 구원뿐만 아니라 사회적 화해와 정의를 포함한다고 보며, 교회가 단지 개인 영혼 구원에만 집중할 것이 아니라 하나님 나라의 포괄적 비전을 제시해야 한다고 강조합니다.

리처드 마우는 '예의 바른 불일치'라는 개념을 통해, 세속화된 다원주의 사회에서 그리스도인들이 자신의 신앙적 확신을 타협하지 않으면서도 상호 존중의 자세로 공적 담론에 참여할 수 있는 방안을 제시합니다. 니콜라스 월터스토프는 『정의와 평화가 입맞춤할 때까지』에서 교회가 '정의를 위한 목소리'로서 사회적 약자들을 위한 옹호자가 되어야 한다고 주장합니다.

이 세 가지 흐름은 모두 칼뱅의 정치 신학을 각자의 방식으로 해석하고 발전시킨 것으로, 상호 대립이 아니라 보완적 관계에 있습니다. 이 글에서는 이러한 다양한 흐름의 통합적 이해를 통해 한국 상황에 적합한 균형 잡힌 두 왕국 이해를 모색하고자 합니다.

하나님의 주권 아래 있는 두 영역

두 왕국 이론의 핵심은 영적 영역과 세속적 영역을 구분하는 것이지만, 그렇다고 해서 하나님의 주권이 나뉘는 것은 아닙니다. 성경은 하나님께서 교회뿐만 아니라 온 세상의 주권자이심을 분명히 가르칩니다. 칼뱅은 이 점을 특별히 강조했습니다.

시편 기자는 "땅과 거기 충만한 것과 세계와 그 가운데에 사는 자들은 다 여호와의 것이로다"(시 24:1)라고 선언합니다. 이는 하나님의 주권이 교회라는 울타리 내에만 국한되지 않음을 보여 줍니다. 예수님은 승천하시기 전에 "하늘과 땅의 모든 권세를 내게 주셨으니"(마 28:18)라고 선언하셨습니다. 사도 바울은 "만물이 그에게서 창조되되 하늘과 땅에서 보이는 것들과 보이지 않는 것들과 혹은 왕권들이나 주권들이나 통치자들이나 권세들이나 만물이 다 그로 말미암고 그를 위하여 창조되었고 또한 그가 만물보다 먼저 계시고 만물이 그 안에 함께 섰느니라"(골 1:16-17)라고 선언합니다.

'두 왕국'은 '두 주권'을 의미하지 않습니다. 오히려 한 분 하나님께서 두 가지 다른 방식으로 세상을 다스리심을 의미합니다. 칼뱅은 『기독교 강요』에서 이렇게 설명합니다.

> 주께서는 자신이 통치자의 직위를 승인하시고 받아들이신다는 것을 증거하시는 것은 물론 더 나아가서 그 직위의 위엄을 최고로 존귀한 칭호들로써 제시하시고 또한 그것을 매우 높이신다. … 그러한 사실은 곧 그들이 하나님께로부터 명령을 받고 있고, 신적인 권위를 부여받았으며, 전적으로 하나님의 대표들로서 어떤 의미에서 하나님의 대리인들로서 활동한다는 것을 의미한다. •『기독교 강요』 4권 20장 4절[4]

하나님은 교회에서는 말씀과 성령을 통해 사람들의 내면을 변화시키는 방식으로 다스리시고, 국가에서는 법과 질서를 통해 외적 행위를 규제하는 방식으로 다스리십니다. 이 두 통치 방식은 서로 대립하지 않고 상호 보완적입니다. 칼뱅은 교회와 국가가 각자 고유한 영역에서 하나님의 뜻을 실현하기 위해 협력할 때, 인간 사회가 가장 번영할 수 있다고 보았습니다.

그리스도인은 이 두 영역에서 모두 하나님을 섬기도록 부름받았습니다. 영적 영역에서는 예배와 제자도를 통해, 세속적 영역에서는 직업과 시민적 참여를 통해 하나님의 주권을 인정하고 그분의 뜻을 실천합니다. 이런 통합적 관점은 그리스도인의 삶이 단지 '주일 신앙'에만 머무르지 않고, 모든 삶의 영역에서 하나님을 영화롭게 하는 '월요일 신앙'으로 확장되어야 함을 시사합니다.

사도 바울이 로마서 13장에서 세속 권위에 대한 복종을 가르치면서도, 동시에 로마서 12장 1-2절에서 "이 세대를 본받지 말고 오직 마음을 새롭게 함으로 변화를 받아 하나님의 선하시고 기뻐하시고 온전하신 뜻이 무엇인지 분별하도록 하라"라고 권면한 것은 이러한 통합적 관점을 보여 줍니다. 그리스도인은 세상 속에서 살지만 세상에 속하지 않는 독특한 정체성을 가지고 있습니다.

칼뱅은 이러한 통합적 관점에서 그리스도인의 정치 참여를 '하나님을 향한 경건 활동'으로 보았습니다. 즉, 정치적 소명도 하나님을 섬기는 거룩한 직업이 될 수 있다는 것입니다. 이는 정치를 단순히 세속적 활동으로 보는 이원론적 관점을 넘어, 모든 영역에서 하나님의 주권을 인정하고 그분의 뜻을 구현하려는 통합적 신앙 이해를 보여 줍니다.

교회와 국가, 구분과 협력

두 영역의 권위와 한계

칼뱅은 교회와 국가가 각자 다른 성격의 권위를 갖고 있으며, 각 영역에 주어진 한계가 있다고 보았습니다. 그는 『기독교 강요』에서 이 두 권위를 명확히 구분하면서도, 둘 다 하나님께 속함을 강조했습니다.

교회의 권위는 영적이고 목회적인 성격을 가집니다. 예수 그리스도께 직접 위임받은 이 권위는 말씀을 선포하고, 성례를 집행하며, 신자들을 양육하고 필요시 권징할 수 있는 권한을 포함합니다. 칼뱅은 이 권위가 강제력이 아니라 설득과 가르침을 통해 행사되어야 한다고 강조했습니다. 즉, 교회의 권세는 영적인 것이며, 그 목적은 양심을 서로 다스리는 것이 아니라 양육하는 것이라고 본 것입니다.

칼뱅은 교회의 권위가 그리스도의 말씀에 복종함으로써 행사되어야 한다고 강조했습니다. 그는 말씀에 근거하지 않은 교회의 권위 행사를 비판하며 '교회의 권위는 모두 하나님의 말씀 아래 종속되어 있다'고 주장했습니다. 이는 교회의 권위가 자의적이거나 무제한적이지 않음을 의미합니다. 또한 칼뱅은 교회의 권위 행사에 있어 사랑과 온유함을 강조했습니다. 그는 『기독교 강요』 4권 12장에서 교회 권징의 목적이 처벌이 아니라 회복에 있음을 분명히 했습니다.

> 칼뱅의 교회 권징 신학에서 출교는 끝이 아니다. 그는 출교의 목적이 "사람을 주님의 양 떼에서 내쫓는 것이 아니라, 그들이 길을 잃고 방황할 때 다시 데려오는 데 있다고 믿었다." … 공동체는 그들이 주님께 돌아올 수 있도록 도와야 하며, 우리는 하나님께서 구원하시고자 하는 자를 잃지 않도록 주의해야 한다. … 이것이 전체 권징 제도에서 회복 과정의 중요성이다.[5]

반면, 국가의 권위는 세속적이고 법적인 성격을 갖습니다. 칼뱅은 국가 권력도 하나님에게서 온다고 보았지만, 그 목적과 행사 방식은 교회의 그것과 다르다고 설명했습니다. 국가는 공공 질서를 유지하고, 약자를 보호하며, 공동체의 안녕을 증진하는 역할을 맡습니다.

필요시 이를 위해 법적 강제력을 사용할 수 있습니다. 다시 말해, 세속 정부의 목적은 우리가 사람들과 함께 사는 동안 공적 정직성을 유지하고, 시민적 정의를 확립하며, 우리 사이에 조화를 촉진하고, 공통의 평화와 안전을 보존하는 것입니다.

칼뱅은 국가의 권위도 무제한적이지 않다고 보았습니다. 그는 통치자들이 하나님의 법에 복종해야 하며, 무엇보다 공공선을 증진하는 책임이 있다고 강조했습니다. 그에 따르면, 통치자는 단순히 자신의 이익이나 특정 계층의 이익이 아니라 전체 공동체의 복지를 위해 일해야 합니다.

중요한 것은 칼뱅이 이 두 영역의 권위가 서로 침해해서는 안 된다고 보았다는 점입니다. 교회가 국가의 고유 기능을 대체하려 해서도 안 되고, 국가가 교회의 영적 자율성을 침해해서도 안 됩니다. 이는 오늘날 정교분리 원칙의 중요한 신학적 기초가 되었습니다. 예를 들어, 칼뱅은 교회가 세속 정부의 기능을 침해하는 것을 경계했습니다.

> 국가의 관원들에게는 대개 칼로 벌하거나 강제력을 발휘하고 옥에 가두는 등 형벌을 가할 권한이 있지만, 교회에게는 그런 권한이 없기 때문이다. • 『기독교 강요』 4권 11장 3절[6]

반면, 국가가 신앙과 양심의 문제에 간섭하는 것도 반대했습니다.

> 영적 통치는 영혼에 관계된 것이요, 세속적 통치는 오로지 외형적인

행실을 규정하는 데만 관계된다. •『기독교 강요』 3권 19장 15절[7]

상호 존중과 견제의 원리

칼뱅은 교회와 국가가 서로의 영역을 존중하면서도 필요시 견제해야 한다고 가르쳤습니다. 한편, 교회는 국가의 합법적 권위를 존중해야 합니다. 칼뱅은 로마서 13장을 근거로 그리스도인이 세속 정부에 복종해야 한다고 가르쳤습니다. 그러나 동시에 국가 권력이 부당하게 행사될 때는 저항할 수 있는 권리도 인정했습니다. 특히 국가가 하나님의 법을 심각하게 위반하거나 사람들의 신앙과 양심을 침해할 때에는 '사람보다 하나님께 순종하는 것이 마땅하다'(행 5:29)는 원칙이 우선한다고 주장했습니다.

> 여호와께서 왕 중의 왕이시니, 그가 그의 거룩하신 입을 여시면 다른 모든 사람들의 말에 앞서서 오직 그의 말씀을 들어야 하는 것이다. … 만일 통치자들이 하나님을 거스르는 일을 명령하면, 그 명령은 듣지 말아야 한다. 그리고 이때에는 통치자들이 소유한 위엄에 대해서는 전혀 개의치 말아야 한다. •『기독교 강요』 4권 20장 32절[8]

이처럼 칼뱅은 무조건적 복종이 아니라 '조건적 복종'을 가르쳤습니다. 즉, 통치자들이 하나님의 법에 따라 정의롭게 통치할 때에는 복종해야 하지만, 그들이 하나님의 법을 어기고 폭정을 행할 때에는 저항할 수 있다는 것입니다. 특히 칼뱅은『기독교 강요』 4권 20장에서 '하위 관리'(lower magistrates)의 개념을 도입하여, 개인의 무력 저항보다는 제도적 견제 장치를 통한 저항을 지지했습니다.

> 그러나 만일 왕들의 사악한 횡포를 억제하도록 임명된 백성들의 관리들이 있다면(고대 스파르타의 왕들을 견제하기 위하여 감독관들이 있었고, 로마 집정관들을 견제하기 위하여 호민관들이 있었고, 아테네의 원로원을 견제하기 위하여 장관들이 있었고, 현재와 같이 각국의 최고 회의에서 삼부 계급이 있어서 그 역할을 담당하듯이), 그들이 자기들의 의무에 따라서 왕들의 맹렬한 방종을 대적하는 것을 절대로 반대하지 않는다. 오히려 지체 낮은 평민들에 대한 군주들의 횡포를 그들이 눈감아 준다면, 그것이야말로 극악스러운 배신 행위라고 선언할 것이다. 그들은 하나님의 명령에 의하여 호민관으로 지명을 받았음으로 잘 알고 있으면서도 스스로 백성의 자유를 부정직하게 배반하고 있는 것이기 때문이다. •『기독교 강요』 4권 20장 31절[9]

이러한 칼뱅의 저항 이론은 후대에 위그노당, 스코틀랜드 언약도들, 그리고 네덜란드와 잉글랜드의 개혁주의자들에 의해 발전되었으며, 이들은 모두 특정 상황에서 폭군에 대한 저항이 정당화될 수 있다고 주장했습니다. 이는 근대 민주주의와 헌법주의의 발전에 중요한 영향을 미쳤습니다.

이러한 칼뱅의 가르침은 후대에 크게 두 가지 방향으로 해석되었습니다. 한쪽에서는 정치적 저항권을 강조하는 방향으로, 다른 쪽에서는 복종의 의무를 강조하는 방향으로 발전했습니다. 그러나 칼뱅 자신은 권력에 대한 맹목적 복종과 무조건적 저항 모두를 경계했으며, '분별'을 통한 균형 잡힌 접근을 추구했습니다.

동시에 칼뱅은 국가에 대해 예언자적 목소리를 내야 할 교회의 책임도 강조했습니다. 그는 목사들이 성경의 원칙에 따라 정치 지도자들의 부정의를 비판하고, 사회적 약자들을 위한 옹호자가 되어야 한다고 보았습니다. 이는 국가 권력에 대한 영적 견제 장치로서의 교회 역할을 보여 줍니다.

이러한 상호 존중과 견제의 원리는 오늘날에도 중요한 의미를 갖습니다. 교회는 국가의 합법적 권위를 인정하면서도 필요시 불의에 대해 목소리를 높여야 합니다. 반면 국가는 교회의 영적 자율성을 존중하면서도 법적 테두리 안에서 종교적 행위를 규제할 수 있습니다. 이러한 균형은 코로나19 팬데믹과 같은 위기 상황에서 특히 중요합니다.

두 왕국 이론을 어떻게 적용할 것인가?

두 왕국 이론은 오늘날 한국 교회와 그리스도인들에게 중요한 통찰과 지침을 제공합니다. 칼뱅의 정치 이해를 바탕으로, 우리는 다음과 같은 원칙들을 도출할 수 있습니다.

첫째, 교회와 국가의 고유한 영역을 존중해야 합니다. 교회는 영적 권위를 정치적 이득을 위해 남용해서는 안 되며, 국가는 신앙과 양심의 자유를 침해해서는 안 됩니다. 칼뱅은 이 두 영역의 구분이 명확해야 하지만, 둘 다 하나님의 주권 아래 있음을 강조했습니다.

현대 한국 사회에서 이 원칙을 적용한다면, 교회는 특정 정당이나 정치인을 지지하거나 반대하는 정치적 행위를 자제하고, 대신 복음의 본질적 가치(정의, 자비, 평화 등)를 기준으로 정치 이슈를 판단해야 합니다. 동시에 국가는 종교의 자유를 보장하고, 교회의 고유한 신앙 활동을 존중해야 합니다.

코로나19와 같은 위기 상황에서 이 원칙은 더욱 중요합니다. 교회는 공중 보건을 위한 국가의 합법적 조치를 존중하면서도, 신앙의 본질이 훼손되지 않도록 창의적인 예배 방식을 모색할 수 있습니다. 국가는 방역의 필요성을 인정하면서도, 종교의 자유라는 기본권이 과도하게 제한되지 않도록 균형을 찾아야 합니다.

둘째, 균형 잡힌 시민 의식을 발전시켜야 합니다. 그리스도인은 하나님 나라의 시민이면서 동시에 이 세상 나라의 시민입니다. 따라서 정치적 무관심이나 극단적 참여가 아니라 책임 있는 시민으로서 공공선을 위해 참여하는 균형이 필요합니다.

한국 교회는 종종 정치적 스펙트럼의 양 극단으로 나뉘는 경향이 있습니다. 한쪽에서는 정치 참여 자체를 세속적 활동으로 여겨 회피하고, 다른 쪽에서는 특정 정치적 이념이나 정당을 신앙과 동일시하는 오류를 범합니다. 칼뱅의 두 왕국 이론은 이러한 극단을 피하고 신앙의 완전성을 유지하면서도 공적 영역에 책임 있게 참여하는 균형 잡힌 접근을 가르칩니다.

실천적으로, 그리스도인은 선거에 참여하고, 공적 이슈에 관심을 가지며, 지역 사회의 문제 해결에 기여할 수 있습니다. 이러한 참여는 특정 정파의 승리가 아니라 성경적 가치(생명 존중, 정의, 평화, 약자 보호 등)의 증진을 목표로 해야 합니다.

셋째, 교회의 예언자적 역할을 회복해야 합니다. 칼뱅은 교회가 세속 권력에 무조건 순응하거나 대립하기보다 성경적 원칙에 근거하여 때로는 지지하고 때로는 비판하는 예언자적 목소리를 내야 한다고 가르쳤습니다.

구약의 선지자들은 왕들에게 하나님의 말씀을 선포하고 그들의 부정의를 지적했습니다. 이사야, 예레미야, 아모스와 같은 선지자들은 당시 권력자들의 압박에도 불구하고 하나님의 정의와 공의를 선포했습니다. 아모스는 "정의를 물같이, 공의를 마르지 않는 강같이 흐르게 할지어다"(암 5:24)라고 외쳤고, 미가는 "오직 정의를 행하며 인자를 사랑하며 겸손히 네 하나님과 함께 행하는 것"(미 6:8)이 하나님께서 요구하시는 것이라고 선언했습니다.

한국 교회도 이러한 예언자적 전통을 계승해야 합니다. 교회는 단순히 현 정권의 지지자나 반대자가 되기보다 성경적 정의와 공의의 관점에서 사회 문제를 바라보고 목소리를 내야 합니다. 특히 사회적 약자와 소외 계층을 위한 옹호자가 되어야 합니다. 예를 들어, 한국 교회는 경제적 불평등, 환경 문제, 생명 윤리, 평화와 화해의 문제 등과 관련하여 성경적 관점에서 예언자적 목소리를 낼 수 있습니다. 이는 특정 정당이나 이념에 대한 지지가 아니라 하나님의 정의와 공의라는 초월적 가치를 사회에 선포하는 것입니다.

넷째, 정치 견해가 다양할 수 있음을 인정하면서도 그리스도 안에서의 일치를 추구해야 합니다. 칼뱅은 본질적인 신앙 문제에서는 일치를, 비본질적인 문제에서는 다양성을 허용해야 한다고 주장했습니다.

정치 견해는 대부분 '비본질적' 영역에 속합니다. 동일한 성경적 원칙과 가치를 받아들이는 그리스도인들도 구체적인 정책이나 정치적 접근법과 관련해서는 다른 견해를 가질 수 있습니다. 칼뱅은 이런 차이를 인정하면서도 그리스도 안에서의 일치와 서로에 대한 사랑을 잃지 말아야 한다고 강조했습니다.

한국 교회는 종종 정치 견해 차이로 말미암아 분열되고 갈등을 겪어 왔습니다. 그러나 두 왕국 이론의 관점에서 보면, 우리는 정치적 다양성을 인정하면서도 복음의 본질적 가치 안에서 일치를 추구할 수 있습니다. 이를 위해 성도들 간의 정치적 대화가 상호 존중과 경청의 자세로 이루어져야 합니다.

실천적으로, 교회는 다양한 정치 견해를 가진 성도들이 서로 존중하고 대화할 수 있는 안전한 공간을 제공할 수 있습니다. 정치 견해 차이가 영적 교제와 공동체의 일치를 해치지 않도록, 복음의 본질에 집중하는 문화를 조성해야 합니다.

다섯째, 그리스도인의 공적 참여는 단순히 권력 획득이 아니라 섬김과 화해의 정신으로 이루어져야 합니다. 칼뱅은 정치적 권위가 궁극적으로 하나님에게서 온다고 보았으며, 따라서 그 권위는 섬김의 도구로 사용되어야 한다고 가르쳤습니다. 예수님은 "인자가 온 것은 섬김을 받으려 함이 아니라 도리어 섬기려 하고 자기 목숨을 많은 사람의 대속물로 주려 함이니라"(막 10:45)라고 말씀하셨습니다. 이러한 섬김의 정신은 그리스도인의 정치 참여에도 적용되어야 합니다.

한국의 그리스도인들은 정치 참여를 통해 특정 집단의 이익을 추구하거나 권력을 장악하기보다 공동체 전체의 선을 추구하고 특히 소외된 이웃을 섬기는 데 초점을 맞춰야 합니다. 또한 이념적 분열과 갈등을 해소하고 화해를 이루는 '다리 놓는 사람'(bridge-builder)의 역할을 감당해야 합니다.

실천적으로, 그리스도인 정치인들은 권력을 자신의 영광이나 특정 집단의 이익을 위해 사용하지 말고, 공공선과 특히 사회적 약자들을 위해 사용하는 섬김의 리더십을 보여 주어야 합니다. 교회는 이러한 가치관을 가진 그리스도인들이 공적 영역에서 활동할 수 있도록 격려하고 지원해야 합니다.

교회와 국가는 서로 다른 영역이지만, 둘 다 하나님의 주권 아래 있습니다. 이 균형 잡힌 이해를 바탕으로, 한국의 그리스도인들이 신앙의 온전성을 지키면서도 책임 있는 시민으로서 사회에 기여할 수 있기를 소망합니다.

코로나19 팬데믹과 같은 위기 상황은 교회와 국가의 관계를 재정립할 기회가 될 수 있습니다. 교회는 영적 사명에 충실하면서도 공공의 안전과 이웃 사랑이라는 가치를 실천하는 모습을 보여 줌으로써 사회적 신뢰를 회복하고 복음의 증인이 될 수 있습니다. 국가는 방역의 필요성을 인정하면서도 종교의 자유라는 기본권을 존중함으로써 균형 잡힌 정책을 펼칠 수 있습니다.

궁극적으로, 교회와 국가의 균형 잡힌 관계는 하나님의 주권을 인정하고 그분의 뜻을 구하는 '분별'에 달려 있습니다. 이러한 분별을 통해, 우리는 각 영역의 고유성을 존중하면서도 하나님의 통합적 다스림 아래에서 조화롭게 살아갈 수 있습니다.

나눔을 위한 질문

1) 코로나19 당시, 여러분은 교회와 국가의 방역 지침 사이에서 어떤 고민을 해 봤나요?

2) 교회와 국가는 어떤 점에서 다르고, 또 어떤 점에서 서로 협력할 수 있을까요?

3) '하나님의 주권 아래 있는 두 영역'이라는 말이 여러분에게는 어떤 의미로 다가오나요?

4) 교회가 사회 문제에 목소리를 낼 때, 어떤 태도와 기준이 필요하다고 생각하나요?

5) 정치에 참여하는 그리스도인은 어떤 마음과 목적을 가져야 할까요?

6) 신앙 안에서 정치적 견해가 다를 때, 교회는 어떻게 하나 됨을 지켜야 할까요?

7) 오늘날 교회가 '예언자적 역할'을 감당하려면 어떤 변화나 노력이 필요할까요?

그리스도께서 주권자가 아닌 영역은 이 세상에 단 한 치도 없다. • 아브라함 카이퍼

2장에서 우리는 루터와 칼뱅으로부터 시작된 '두 왕국 이론'을 살펴보았습니다. 이 이론은 교회와 국가라는 두 영역을 구분하면서도 두 영역 모두 하나님의 주권 아래 있음을 강조합니다.

이번 장에서는 19세기 네덜란드의 신학자이자 정치인이었던 아브라함 카이퍼가 주도한 '신칼뱅주의'(Neo-Calvinism) 전통을 살펴보고, 이것이 두 왕국 이론에 어떤 보완점을 제공하는지 탐구하겠습니다. 특히 카이퍼의 '영역 주권' 개념이 어떻게 두 왕국 이론의 바탕 위에서 더 풍성한 정치 참여의 비전을 제시하는지 주목하겠습니다.

이 장의 목표는 두 왕국 이론의 기초 위에 신칼뱅주의의 통찰을 신중하게 적용함으로써, 한국 교회와 그리스도인들이 복음에 충실하면서도 사회 변혁에 기여할 수 있는 균형 잡힌 정치 참여의 모델을 제시하는 것입니다.

두 왕국 이론의 기초 위에서

두 왕국 이론의 핵심 공헌

2장에서 살펴본 바와 같이, 두 왕국 이론은 루터와 칼뱅을 시작으로 발전된 기독교 정치 신학의 중요한 축입니다. 이 이론은 하나님께서 통치하시는 영적 왕국(교회)과 세속 왕국(국가)을 구분하면서도 그리스도인은 두 왕국 모두에 속해 있으며 각 영역에서 서로 다른 방식으로 하나님의 뜻을 따라야 한다고 가르칩니다.

루터는 두 왕국을 구분하면서도 두 왕국 모두 하나님의 주권 아래 있다고 주장했습니다. 하나님은 영적 왕국에서는 복음과 사랑을 통해, 세속 왕국에서는 법과 칼(강제력)을 통해 통치하신다는 것입니다. 이러한 구분은 교회와 국가 각각의 고유한 역할과 권위를 인정하면서도 그 둘 사이의 적절한 관계를 설정하려는 시도였습니다. 두 왕국 이론의 가장 큰 공헌은 다음과 같습니다.

첫째, 교회와 국가의 구분입니다. 교회와 국가의 역할을 분명히 구분함으로써, 국가의 교회 지배(세속주의)와 교회의 국가 지배(성직자 통치)라는 두 가지 위험을 방지합니다. 이는 중세 시대의 교황과 황제 간의 권력 투쟁을 넘어서는 새로운 관계 모델을 제시했습니다.

둘째, 양심의 자유 보장입니다. 그리스도인이 국가에 복종하면서도 궁극적으로는 하나님께 충성해야 한다는 원칙을 제시함으로써, 신앙의 자유와 양심의 자유를 보호합니다. 루터의 유명한 말, '여기 나는 섰나이다. 달리할 수 없나이다'는 이러한 양심의 자유를 상징합니다.

셋째, 그리스도인의 이중 시민권에 대한 이해입니다. 그리스도인이 하나님 나라의 시민이면서 동시에 세상 나라의 시민으로서 양쪽 모두에서 책임을 다해야 함을 가르칩니다. 이는 그리스도인에게 정치 참여의 신학적 근거를 제공합니다.

넷째, 신앙의 정치화 방지입니다. 복음과 법을 구분함으로써, 복음이 특정 정치 이념이나 제도와 동일시되는 것을 방지합니다. 이는 복음의 초월성과 보편성을 보존하는 데 중요합니다.

두 왕국 이론의 한계와 약점

그러나 두 왕국 이론에는 몇 가지 한계 또는 잠재적 약점이 있습니다.

첫째, 이원론적 경향입니다. 두 왕국을 지나치게 분리함으로써, 때로는 영적 영역과 세속 영역 사이의 연결성을 약화시킬 수 있습니다. 이러한 이원론은 그리스도인들이 정치와 사회 참여를 단지 '세속적' 활동으로 간주하여 소홀히 하거나 반대로 세속 영역에서는 기독교적 원칙과 무관하게 행동하는 것을 정당화하는 데 오용될 수 있습니다.

둘째, 소극적 문화 참여입니다. 두 왕국 이론은 때로 그리스도인들의 문화적, 사회적 참여에 대해 다소 소극적이거나 보수적인 입장을 취하는 경향이 있습니다. '세상은 세상대로 두고 교회는 교회대로'라는 태도가 형성될 수 있습니다. 역사적으로 루터교 전통에서 이러한 경향이 관찰되었으며, 때로는 불의한 사회 구조에 대한 저항보다는 순응을 강조하는 방향으로 해석되기도 했습니다.

셋째, 사회적 이슈에 대한 제한된 비전 제시입니다. 복잡한 현대 사회의 다양한 영역(경제, 교육, 예술, 과학 등)에 대한 구체적인 기독교적 비전을 제시하는 데 한계가 있을 수 있습니다. 두 왕국 이론은 교회와 국가라는 두 기본 영역에 초점을 맞추기 때문에 현대 사회의 다양한 하위 영역들에 대한 세분화된 접근이 부족할 수 있습니다.

넷째, 정적인 사회관입니다. 두 왕국 이론은 때로 현존하는 사회 질서를 지나치게 인정하고 수용하는 경향이 있기 때문에 사회 변혁보다는 현상 유지로 기울어질 수 있습니다. 루터 자신이 농민 반란 당시 보인 태도처럼, 기존 질서의 유지와 안정을 강조하는 보수적 경향이 나타날 수 있습니다.

두 왕국 이론에 비춘 한국 교회의 정치 참여 평가

한국 교회의 정치 참여 역사를 살펴볼 때, 두 왕국 이론의 적용과 그 한계가 모두 드러납니다. 일제 강점기와 한국 전쟁을 거치면서, 한국 교회는 두 가지 극단적 반응을 보여 왔습니다.

첫째, 교회의 정치적 초월성 강조입니다. 일부 교회들은 '교회가 정치에 관여해서는 안 된다'는 입장을 취하며 영적 구원과 교회 성장에만 집중했습니다. 이는 두 왕국의 분리를 강조하는 측면이 있으나, 때로는 불의한 사회 현실에 대한 교회의 예언자적 책임을 약화시키는 결과를 가져왔습니다. 특히 군사 독재 시기에 일부 대형 교회들이 정치적 중립을 표방하며 사회 문제에 침묵했던 것은 이러한 경향을 보여 줍니다.

둘째, 교회의 정치적 도구화입니다. 다른 한편으로는 교회가 특정 정치 이념(주로 반공주의)과 강하게 결합되어, 때로는 복음의 초월성보다 정치적 이해 관계가 우선시되는 경우도 있었습니다. 이는 두 왕국의 적절한 구분을 무시하는 경향을 보여 줍니다. 한국 교회의 친정부적 성향과 보수 정치 세력과의 밀착은 이러한 측면을 반영합니다.

이러한 역사적 경험은 한국 교회가 두 왕국 이론의 지혜를 더 깊이 이해하고, 동시에 그 한계를 보완할 수 있는 추가적 통찰을 필요로 함을 보여 줍니다. 교회와 국가의 적절한 관계를 유지하면서도 그리스도인들이 사회 변혁에 적극적으로 참여할 수 있는 균형 잡힌 모델이 요구됩니다.

최근 한국 사회의 극심한 정치적 양극화 속에서 교회 내에서도 정치 견해에 따른 분열이 심화되고 있습니다. 이런 상황에서 두 왕국 이론은 교회가 특정 정치 진영과 동일시되는 것을 경계하고, 복음의 초월성을 유지하는 데 도움이 됩니다. 그러나 동시에 그리스도인들이 사회 정의와 공동선을 위해 적극적으로 참여할 수 있는 신학적 기반도 필요합니다. 이 지점에서 신칼뱅주의의 통찰이 중요한 보완점을 제공할 수 있습니다.

신칼뱅주의와 영역 주권

아브라함 카이퍼와 신칼뱅주의 운동

아브라함 카이퍼는 단순한 이론가가 아니라 실천가였습니다. 그는 목사, 신학자, 언론인, 교육자, 정치인으로서 다양한 영역에서 기독교 세계관을 구현하고자 노력했습니다. 그는 1837년 네덜란드의 작은 마을 마슬루이스에서 태어났고, 라이덴대학에서 신학을 공부했습니다. 그는 처음에 합리주의적 신학의 영향을 받았으나, 이후 그의 사상은 칼뱅주의적 방향으로 크게 전환되었습니다. 이러한 전환의 배경에는 그가 목회하던 작은 교회의 평범한 성도들과의 만남, 특히 피터 얀스 헬드링이라는 농부의 깊은 신앙을 접하면서 경험한 신앙적 각성이 있었습니다.

그는 1880년 자유대학교를 설립하여 기독교적 관점에서의 학문 연구와 교육을 추진했습니다. 대학 설립 연설에서 그는 "학문의 한 영역도 그리스도의 주권 아래 있지 않은 것은 없다"라고 선언했습니다. 또한 기독교 일간지 '더 스탠다드'를 창간하여 언론 영역에서 기독교적 목소리를 냈습니다. 정치적으로는 반혁명당을 이끌었고, 1901년부터 1905년까지 네덜란드 수상을 역임했습니다. 그의 당명에서 '반혁명'이란 프랑스 혁명의 세속적 자유주의와 개인주의에 대한 기독교적 대안을 의미했습니다. 그는 수상으로서 노동자의 권리 보호, 사회 보장 제도 확립, 교육의 자유 보장 등 중요한 개혁을 이끌었습니다.

카이퍼의 다양한 활동은 모두 하나의 비전, 곧 기독교 신앙이 교회 울타리를 넘어 사회 전체에 영향을 미쳐야 한다는 그의 신념에서 비롯되었습니다. 이것이 '신칼뱅주의' 운동의 핵심 비전이었습니다. 신칼뱅주의는 칼뱅의 신학을 현대 사회의 맥락에 적용하면서, 특히 문화와 사회 변혁에 대한 적극적 비전을 발전시켰습니다. 이는 칼뱅주의 전통 안에서의 개혁 운동으로, 단지 교리적 순수성만이 아니라 사회적 실천을 강조했습니다.

카이퍼는 네덜란드를 넘어 북미 개혁주의 전통에도 큰 영향을 미쳤으며, 오늘날까지도 미국의 칼빈대학교, 네덜란드의 자유대학교 등 여러 교육 기관과 기독교 사회 운동에 영향을 주고 있습니다.

영역 주권 개념과 보완적 역할

카이퍼의 가장 중요한 공헌 중 하나는 '영역 주권' 개념입니다. 이는 하나님께서 창조하신 사회의 각 영역, 곧 가정, 교회, 학교, 기업, 예술, 정부 등이 각자 고유한 주권과 권위를 가지며, 각 영역은 다른 영역의 부당한 간섭 없이 하나님으로부터 직접 그 권위를 부여받는다는 사상입니다.

카이퍼는 1880년 자유대학교 설립 기념 연설에서 이렇게 말했습니다.

개인 생활, 가정 생활, 학문 생활, 사회 생활, 교회 생활이라는 각각의 영역이 있으며, 이들 각각은 고유한 생명의 법칙을 따르며, 각자의 머리 아래에 복속되어 있습니다. … 거기(가정, 학문, 사회, 교회 등)에는 또 다른 권위가 다스리는데, 그 권위는 스스로의 노력 없이 하나님께로부터 내려오는 것이며, 자기가 부여하는 것이 아니라 다만 인정하는 것이다.[10]

이러한 사상은 전체주의적 경향에 대한 강력한 방어 막이 됩니다. 국가가 교회, 가정, 학교, 경제 등 모든 영역을 통제하려는 시도나, 반대로 교회가 국가와 사회 모든 영역을 통제하려는 시도 모두 '영역 주권' 원칙에 위배됩니다.

카이퍼는 사회의 다양한 영역들이 각자 고유한 기능과 권위를 가지고 있으며, 이러한 다원성이 하나님의 창조 질서에 내재되었다고 보았습니다. 따라서 어느 한 영역(특히 국가)이 다른 모든 영역을 지배하려는 시도는 하나님의 창조 질서를 왜곡하는 것이라고 주장했습니다.

영역 주권 개념에서 중요한 점은 각 영역이 '주권적'이지만, 동시에 그 주권은 '하나님으로부터 위임받은' 것이라는 개념입니다. 따라서 각 영역은 완전히 자율적이거나 독립적인 것이 아니라 궁극적으로 하나님의 주권 아래 있으며, 하나님의 법과 정의의 원칙에 부합해야 합니다. 영역 주권 개념은 두 왕국 이론을 확장하고 보완하는 중요한 역할을 합니다.

첫째, 더 세분화된 영역 구분입니다. 두 왕국 이론이 주로 교회와 국가라는 두 영역을 구분한다면, 영역 주권은 사회를 더 다양한 영역들(가정, 교육, 경제, 예술, 과학 등)로 세분화합니다. 이는 현대 사회의 복잡성을 더 잘 반영합니다.

둘째, 모든 영역에서의 하나님 주권 강조입니다. 영역 주권은 모든 영역이 궁극적으로 하나님의 주권 아래 있으며, 그리스도인들이 모든 영역에서 하나님의 뜻을 구현해야 함을 강조합니다. 이는 두 왕국 이론의 이원론적 경향을 완화합니다.

셋째, 적극적 문화 참여 촉진입니다. 영역 주권은 그리스도인들이 모든 사회 영역에 적극적으로 참여하여 기독교적 원칙을 구현할 것을 권장합니다. 이는 두 왕국 이론의 때로 소극적일 수 있는 문화 참여 관점을 보완합니다.

넷째, 다원주의적 사회 비전 제시입니다. 영역 주권은 다양한 사회 영역들이 각자의 고유한 기능과 권위를 가지고 공존하는 다원주의적 사회 비전을 제시합니다. 이는 국가 중심주의나 교회 중심주의를 넘어서는 균형 잡힌 사회 모델입니다.

다섯째, 구체적인 사회 개혁 방향 제시입니다. 영역 주권은 각 사회 영역(교육, 경제, 예술, 과학 등)에 대한 구체적인 기독교적 개혁 방향을 제시할 수 있는 틀을 제공합니다. 이는 두 왕국 이론이 때로 추상적 수준에 머무를 수 있는 한계를 보완합니다.

영역 주권 개념은 두 왕국 이론을 대체하기보다 그것의 기초 위에서 더 풍성한 사회 참여 비전을 제시할 수 있습니다. 영역 주권 역시 교회와 국가의 구분을 유지하며, 어느 한 영역(특히 국가)이 다른 모든 영역을 지배해서는 안 된다고 주장합니다.

두 관점의 통합적 이해

두 왕국 이론과 영역 주권 개념은 상호 보완적으로 이해될 수 있습니다. 이 두 관점을 통합적으로 이해하면, 우리는 다음과 같은 균형 잡힌 관점을 얻을 수 있습니다.

첫째, 하나님의 총체적 주권입니다. 하나님은 모든 영역의 궁극적인 주권자이십니다. 교회와 국가를 포함한 모든 영역이 그분의 주권 아래 있습니다. 두 왕국 이론과 영역 주권 모두 이 점에서 일치합니다.

둘째, 영역의 구분과 고유성입니다. 하나님은 서로 다른 영역에 각각 고유한 권위와 책임을 부여하셨으며, 각 영역은 그 고유한 기능과 규범에 따라 운영되어야 합니다. 두 왕국 이론은 교회와 국가의 구분을, 영역 주권은 더 다양한 사회 영역들의 구분을 강조합니다.

셋째, 교회와 국가의 기본적 구분입니다. 교회와 국가는 가장 기본적인 두 권위 구조로서 서로의 영역을 존중해야 합니다. 교회에는 복음 선포와 제자 양육이라는 고유한 사명이 있고, 국가에는 공적 정의와 질서 유지라는 고유한 책임이 있습니다. 이는 두 왕국 이론의 핵심 통찰입니다.

넷째, 다양한 사회 영역의 인정입니다. 현대 사회에는 교회와 국가 외에도 가정, 학교, 기업, 예술, 과학 등 다양한 영역이 있으며, 각 영역은 고유한 기능과 권위를 가집니다. 이는 영역 주권의 핵심 통찰입니다.

다섯째, 통합적 기독교 세계관 제공입니다. 그리스도인은 모든 영역에서 하나님의 주권을 인정하고, 각 영역의 특성에 맞게 기독교적 원칙을 적용해야 합니다. 이는 영적, 세속적 이원론을 극복하는 통합적 세계관입니다.

네덜란드의 개혁주의 철학자 헤르만 도예베르트는 카이퍼의 영역 주권 개념을 더욱 체계화했습니다. 그는 '법 영역 이론'을 통해 현실의 다양한 측면(수리적, 공간적, 물리적, 생물학적, 심리적, 사회적, 경제적, 미학적, 법적, 윤리적, 신앙적 등)을 구분하면서도, 이 모든 측면이 서로 연결되어 있고 궁극적으로 하나님께 종속된다고 주장했습니다. 도예베르트의 이론은 사회 영역들의 다양성과 상호 연관성을 더욱 정교하게 설명합니다. 각 영역은 고유한 기능과 법칙을 가지지만, 동시에 다른 영역들과 연결되어 있습니다. 이는 현대 사회의 복잡한 상호 관계를 이해하는 데 도움이 됩니다.

이러한 통합적 접근은 한국 교회가 두 극단, 곧 세상으로부터의 완전한 분리와 특정 정치 세력과의 무비판적 동일시를 피하고, 분별력 있는 정치 참여의 길을 모색하는 데 중요한 지침이 될 수 있습니다.

문화 변혁 비전과 복음의 우선성

문화 변혁 비전

신칼뱅주의는 문화 변혁에 대한 적극적인 비전을 가지고 있습니다. 카이퍼와 그의 후계자들은 그리스도인들이 단순히 세상으로부터 분리되거나 세상에 동화되는 것이 아니라 세상을 변혁시키는 존재가 되어야 한다고 주장했습니다.

이는 리처드 니부어가 『그리스도와 문화』에서 제시한 다섯 가지 모델 중 '문화 변혁자로서의 그리스도'에 가장 가깝습니다. 이 관점에서 그리스도인은 세상과 문화에 대해 긍정적이면서도 비판적인 태도를 취하며, 문화를 그리스도의 가치에 따라 변혁하려고 노력합니다.

신칼뱅주의적 관점에서 문화 변혁은 세 가지 차원에서 이루어집니다.

첫째, 개인적 차원입니다. 그리스도인 개인이 자신의 삶과 직업에서 기독교적 가치를 실천합니다. 이는 루터의 '소명' 개념과 연결됩니다.

둘째, 제도적 차원입니다. 그리스도인은 교육 기관, 미디어, 기업, 시민 단체 등 다양한 사회 제도와 조직을 통해 기독교적 가치를 구현하려 노력합니다. 카이퍼 자신이 대학, 신문사, 정당 등을 설립한 것이 이러한 접근의 예입니다.

셋째, 구조적 차원입니다. 그리스도인은 사회의 구조적 불의와 모순을 개혁하기 위해 법과 정책의 변화를 추구합니다. 이는 정치 참여를 통한 변혁을 의미합니다.

결론적으로 그리스도인들이 정치, 경제, 교육, 예술, 과학 등 모든 영역에서 하나님의 창조 의도와 정의의 원칙을 구현하기 위해 적극적으로 참여해야 함을 의미합니다.

카이퍼의 영향을 받은 신학자 알버트 월터스는 『창조, 타락, 구속』에서 '구속은 창조의 회복'이라고 주장하며, 그리스도인의 문화 변혁 활동이 단순한 사회 개선이 아니라 하나님의 구속 사역에 참여하는 것임을 강조했습니다.

두 왕국 이론과 문화 변혁의 균형

두 왕국 이론의 관점에서는 신칼뱅주의의 문화 변혁 비전이 때로는 지나치게 낙관적이거나 현실의 복잡성을 단순화할 위험이 있다고 볼 수 있습니다. 두 왕국 이론은 그리스도인이 세상에서 살면서 하나님의 뜻을 따라야 하지만, 세상 자체는 여전히 죄의 영향 아래 있고 완전한 변혁은 그리스도의 재림 때까지 이루어지지 않는다는 사실을 강조합니다.

루터 전통의 신학자들은 종종 '십자가 신학'을 강조하며, 그리스도인의 사회 참여가 항상 성공과 승리로 이어지지 않고 때로는 고난과 실패를 수반할 수 있음을 상기시킵니다. 루터교 신학자 더글러스 존 홀은 『십자가 신학』(*The Cross in Our Context: Jesus and the Suffering World*)에서 십자가가 보여 주는 취약성과 고난이 그리스도인의 사회 참여에서도 중요한 측면임을 강조합니다.

그러나 이러한 관점의 차이는 상호 보완적으로 연결될 수 있습니다. 신칼뱅주의의 문화 변혁 비전은 그리스도인들에게 사회 변화를 위한 적극적 참여의 동기를 부여하는 반면, 두 왕국 이론은 그러한 노력의 한계와 그리스도의 재림에 대한 궁극적 소망을 상기시켜 줍니다.

이 두 관점을 균형 있게 결합하면, 우리는 다음과 같은 균형 잡힌 접근을 얻을 수 있습니다.

첫째, 적극적 참여와 겸손한 기대입니다. 사회 변화를 위해 적극적으로 노력하지만, 인간의 한계와 죄성을 인식하고 겸손한 태도를 유지합니다. 이는 신칼뱅주의의 변혁적인 비전과 십자가 신학의 죄에 대한 현실 인식을 결합합니다.

둘째, 현실적 변화와 종말론적 소망입니다. 현실 세계의 구체적인 변화를 추구하지만, 궁극적 완성은 그리스도의 재림으로만 이루어진다는 종말론적 소망을 잃지 않습니다. 이는 신칼뱅주의의 현세적 관심과 두 왕국 전통의 종말론적 관점을 통합합니다.

셋째, 원칙적 이상주의와 실천적 현실주의입니다. 기독교적 원칙과 이상을 명확히 유지하지만, 다원적 사회에서의 실천적 가능성을 고려합니다. 이는 신칼뱅주의의 원칙적 접근과 두 왕국 전통의 실용적 지혜를 결합합니다.

넷째, 문화 변혁과 복음 전파의 균형입니다. 사회와 문화의 변혁을 추구하지만, 이것이 복음 전파와 개인 구원이라는 교회의 핵심 사명을 대체하지 않도록 합니다. 이는 신칼뱅주의와 두 왕국 이론이 공유하는 복음의 우선성에 대한 인식입니다.

한국 교회의 맥락에서, 이러한 균형은 특히 중요합니다. 한국 교회는 역사적으로 개인 구원과 교회 성장에 치중하거나, 반대로 사회 참여에만 집중하는 양극화된 모습을 보여 왔습니다. 두 왕국 이론과 신칼뱅주의의 균형 잡힌 통합은 이러한 양극화를 극복하는 데 도움이 될 수 있습니다.

구속과 창조 질서의 관계

신칼뱅주의는 하나님의 구속 사역이 단지 영혼 구원에만 국한되지 않고, 타락으로 왜곡된 창조 질서 전체의 회복을 목표로 한다고 봅니다. 이는 사회 구조와 제도의 개혁도 포함합니다.

네덜란드의 신학자 헤르만 바빙크는 "은혜는 자연을 파괴하지 않고 회복한다"(Gratia non tollit naturam, sed perficit)는 유명한 말을 남겼습니다. 이는 기독교 신앙이 창조 세계와 인간 문화를 부정하는 것이 아니라 그것을 본래의 목적대로 회복시키는 것을 목표로 한다는 의미입니다. 이러한 관점은 한국의 이원론적 신앙 이해, 곧 영적인 것과 물질적인 것, 교회와 세상을 엄격히 구분하는 경향에 중요한 교정을 제공합니다.

한국 교회는 종종 '영혼 구원'과 '사회 참여'를 대립시켜 왔습니다. 그러나 신칼뱅주의 전통은 이 둘이 대립되는 것이 아니라 하나님의 종합적인 구속 계획의 두 측면임을 가르쳐 줍니다. 영혼을 구원하기 위해 사회 정의를 무시해서도 안 되고, 사회 정의를 위해 영혼 구원을 경시해서도 안 됩니다.

물론 이러한 통합적 관점은 두 왕국 이론과도 조화될 수 있습니다. 두 왕국 이론 역시 그리스도인이 세상에서 하나님의 정의와 사랑을 실천해야 함을 강조합니다. 차이점은 신칼뱅주의가 문화 변혁의 가능성을 더 낙관적으로 보는 경향이 있는 반면, 두 왕국 이론은 죄의 현실과 종말론적 완성의 필요성을 더 강조한다는 점입니다.

복음과 사회 개혁의 구분

그러나 신칼뱅주의는 사회 개혁 자체가 복음은 아니라는 점을 분명히 합니다. 복음의 핵심은 여전히 예수 그리스도를 통한 하나님과의 화해와 죄로부터의 구원입니다. 카이퍼 자신도 '기독교적 정치 행동은 결코 구원의 수단이 될 수 없다'고 강조했습니다. 사회 개혁은 복음의 결과이지, 복음 자체는 아닙니다. 이러한 구분은 두 가지 극단을 피하게 해 줍니다. 하나는 복음을 사회적, 정치적 프로그램으로 환원하는 오류이고, 다른 하나는 복음을 순전히 개인적, 영적인 것으로 축소하는 오류입니다.

진정한 기독교적 사회 참여는 복음을 정치화하는 것도, 정치를 복음화하는 것도 아닙니다. 그것은 복음의 광범위한 함의를 인식하고, 그리스도의 주권이 삶의 모든 영역에 미친다는 확신 속에서 행동하는 것입니다.

이 점에서 두 왕국 이론과 신칼뱅주의는 중요한 공통 기반을 가집니다. 두 관점 모두 복음의 본질적 메시지와 그것의 사회적 함의를 구분하지만 연결시킵니다. 복음 선포는 교회의 일차적 사명이지만, 그것은 필연적으로 윤리적, 사회적 영향을 미칩니다.

신칼뱅주의 운동의 한계와 비판

신칼뱅주의가 제공하는 풍부한 통찰에도 불구하고, 이 신학 역시 한계와 비판으로부터 자유롭지 않습니다. 건강한 적용을 위해 이러한 한계를 인식하는 것이 중요합니다.

서구 중심적 관점

신칼뱅주의는 19세기 네덜란드라는 특정 역사적, 문화적 맥락에서 발전했습니다. 따라서 일부 개념과 접근 방식은 서구 중심적 요소를 포함하고 있으며, 비서구 맥락에 바로 적용하기 어려운 측면이 있습니다. 특히 카이퍼의 사상은 네덜란드의 독특한 역사적, 종교적 배경, 다시 말해 개신교와 가톨릭의 공존, 자유주의와 보수주의의 긴장, 식민지 경험 아래에서 형성되었습니다. 이러한 배경은 한국의 역사적, 문화적 맥락과 상당히 다릅니다.

한국과 같은 비서구 사회에서 신칼뱅주의를 적용할 때에는 창조적 상황화가 필요합니다. 이는 핵심 원리를 유지하면서도 한국의 역사적, 문화적 특수성을 고려하는 접근을 의미합니다. 카이퍼의 사상을 한국에 적용할 때, 우리는 유교적 전통, 일제 강점과 한국 전쟁의 경험, 급속한 산업화와 민주화 과정 등 한국의 독특한 역사적 맥락을 고려해야 합니다. 예를 들어, 한국의 역사적 경험은 서구와는 다른 교회와 국가 관계의 패턴을 보여 줍니다. 일제 강점기 동안 기독교는 민족주의 운동과 밀접하게 연결되었고, 해방 이후에는 반공주의와 강하게 결합되었습니다. 이러한 역사적 배경은 한국 교회의 정치 참여에 독특한 형태를 부여했으며, 이를 고려하지 않은 채 서구 이론을 그대로 적용하는 것은 적절하지 않습니다.

기독교 문화의 이상화 위험

신칼뱅주의는 때로 '기독교 문화'나 '기독교 사회' 건설이라는 이상을 지나치게 강조할 위험이 있습니다. 이는 현대의 다원적, 세속적 사회에서 현실적이지 않을 뿐만 아니라, 종교적 강제나 배타성으로 이어질 수 있습니다. 역사적으로 볼 때, 카이퍼와 그의 동료들이 활동하던 19세기 말~20세기 초 네덜란드는 여전히 기독교가 사회의 주요 가치 체계로 작용하던 시기였습니다. 그러나 오늘날 한국을 포함한 대부분의 사회는 훨씬 더 다원화되고 세속화되었습니다.

우리는 기독교적 가치에 기반한 문화 변혁을 추구하지만, '기독교 국가'나 '기독교 사회'를 강제하려는 유혹에 빠져서는 안 됩니다. 그리스도인은 다원적 사회에서 하나의 목소리로 참여하지만, 다른 목소리들도 존중해야 합니다. 변혁은 강제가 아닌 설득과 모범을 통해 이루어져야 합니다. 교회가 정치적 문제에 참여할 때, 다원주의 사회에서 설득력 있는 목소리를 내기 위해서는 독단적이거나 강압적인 접근이 아니라 대화와 설득에 기반한 방식을 취해야 합니다.

두 왕국 이론은 이 점에서 중요한 교정을 제공합니다. 교회와 국가의 구분을 강조함으로써 교회가 세속 권력을 통해 자신의 가치를 강제하려는 유혹을 방지합니다. 동시에 신칼뱅주의는 그리스도인들이 공적 영역에 적극적으로 참여하면서도 다원성과 다양성을 존중해야 함을 가르칩니다.

승리주의적 경향

신칼뱅주의는 때로 그리스도인들이 사회와 문화 영역에서 성공적으로 '승리'할 수 있다는 낙관주의적 전망을 가질 위험이 있습니다. 그러나 현실에서 기독교적 변혁 노력은 종종 한계와 실패를 경험합니다.

이 점에서 두 왕국 이론은 중요한 교정을 제공합니다. 우리는 하나님 나라의 '이미'(already)와 '아직'(not yet) 사이의 긴장을 인식해야 합니다. 사회 변혁을 위한 우리의 노력은 중요하지만, 완전한 변혁은 그리스도의 재림 때까지 이루어지지 않을 것입니다. 이 인식은 우리가 좌절하지 않고 지속적으로 헌신할 수 있게 해 줍니다.

독일의 신학자 디트리히 본회퍼는 나치 정권에 저항하다 순교한 경험을 통해, 그리스도인의 사회 참여가 항상 성공이나 승리로 이어지지는 않음을 보여 주었습니다. 그러나 그는 '성공이 아니라 신실함'이 그리스도인의 소명임을 강조했습니다. 특정 정치적 승리나 사회적 성취보다 더 중요한 것은 그리스도인으로서의 신실함과 사랑의 실천입니다.

두 왕국 이론과 영역 주권의 통합적 적용

통합적 적용을 위한 원칙

한국 교회의 정치 참여와 관련하여 두 왕국 이론과 영역 주권 개념의 통합적 적용은 다음과 같은 원칙들을 제시할 수 있습니다.

첫째, 교회와 그리스도인의 구분된 역할입니다. 두 왕국 이론에 기초하여 교회라는 제도와 개별 그리스도인의 역할은 구분될 필요가 있습니다. 교회는 정치적 중립성을 유지하면서 복음 선포와 제자 양육이라는 본연의 사명에 충실해야 합니다. 특정 정당이나 정치인을 공식적으로 지지하는 것은 교회의 역할이 아닙니다. 그러나 개별 그리스도인들은 시민으로서 적극적으로 정치에 참여할 수 있고, 또 그래야 합니다.

둘째, 교회의 예언자적 목소리입니다. 두 왕국 이론을 유지하면서도, 교회는 제도적으로 정치 권력을 추구하지 않으면서 사회적 불의에 대해 예언자적 목소리를 내야 합니다. 이에 대해서는 5장에서 더 자세히 다룰 것입니다.

셋째, 그리스도인의 다양한 정치 참여입니다. 개별 그리스도인들은 각자의 소명과 양심에 따라 다양한 정치 견해를 가질 수 있습니다(두 왕국 이론의 양심의 자유). 그러나 기독교적 원칙과 가치에 기반해서 정치에 참여해야 하며, 공동선을 추구해야 합니다(영역 주권의 문화 변혁).

넷째, 복음의 우선성 유지입니다. 사회 참여와 정치 활동은 중요하지만, 복음 전파와 제자도가 교회의 우선적 사명임을 항상 기억해야 합니다. 이는 두 왕국 이론과 신칼뱅주의가 공유하는 복음의 우선성에 대한 인식입니다.

다섯째, 겸손과 존중하는 대화의 자세입니다. 정치적 문제는 복잡하고 그리스도인들 사이에서도 다양한 견해가 있을 수 있음을 인정하며, 상호 존중하는 대화의 자세를 유지해야 합니다. 이는 두 왕국 이론의 양심 존중과 신칼뱅주의의 공적 대화 전통을 반영합니다.

정치적 양극화 속에서의 균형 잡힌 참여

한국 교회 안에는 두 가지 극단적 경향이 존재합니다. 하나는 신앙을 철저히 개인화하고 내면화하여 사회 참여를 '세속적' 활동으로 간주하는 경향입니다. 이런 관점에서는 정치 참여가 신앙의 '순수성'을 오염시키는 것으로 여겨집니다. 이는 한국 교회의 초기 역사, 특히 박해 상황 속에서 형성된 '도피적 신앙' 패턴, 그리고 일제 강점기와 한국 전쟁 이후 내세 중심적 신앙이 강화된 역사적 배경과 관련이 있습니다.

다른 하나는 특정 정치 이념이나 진영을 기독교와 동일시하여 그 정치적 입장을 지지하는 것이 곧 신앙의 표현이라고 주장하는 경향입니다. 이는 한국 교회가 역사적으로 반공주의와 강하게 결합되었고, 최근에는 일부 교회들이 특정 정치 이슈들(낙태, 동성애 등)을 중심으로 정치적 진영화되는 경향과 관련이 있습니다.

두 왕국 이론과 신칼뱅주의의 통합적 접근은 이 두 극단 사이에서 균형 잡힌 관점을 제시합니다.

첫째, 정치 참여의 필요성 인정입니다. 두 왕국 이론은 그리스도인이 세상 나라의 시민으로서 책임을 다해야 함을 가르치며, 신칼뱅주의는 모든 영역에서 그리스도의 주권을 인정할 것을 강조합니다. 따라서 정치 참여는 그리스도인의 신앙 실천에서 자연스러운 부분입니다.

둘째, 복음의 초월성 유지입니다. 동시에 복음은 어떤 정치 이념이나 정당과도 완전히 동일시될 수 없습니다. 복음은 모든 정치적 입장을 판단하는 초월적 기준입니다. 두 왕국 이론은 이 점을 분명히 합니다.

셋째, 정치적 다원주의 존중입니다. 그리스도인들은 동일한 신앙을 가지고도 정치적 판단에서 차이를 보일 수 있습니다. 이러한 다양성은 인정되고 존중되어야 합니다. 영역 주권 개념은 사회의 다양한 영역과 다양한 관점의 정당성을 인정합니다.

넷째, 공동선 중심의 접근입니다. 정치 참여의 목적은 단순히 기독교의 특권을 확보하는 것이 아니라 사회 전체의 공동선을 증진하는 것이어야 합니다. 이는 카이퍼의 공공 신앙 개념의 핵심입니다.

다섯째, 비판적 참여입니다. 그리스도인은 어떤 정치 세력에도 무조건적 충성을 하지 않고, 복음의 관점에서 모든 정치적 입장을 비판적으로 평가해야 합니다. 이는 두 왕국 이론의 비판적 거리 두기와 신칼뱅주의의 변혁적 참여가 결합된 접근입니다.

이러한 균형 잡힌 접근은 한국 교회가 정치적 양극화 속에서도 복음의 본질을 유지하면서 사회에 의미 있는 기여를 할 수 있는 길을 제시합니다.

복음 중심의 균형 잡힌 정치 참여를 향하여

두 왕국 이론과 신칼뱅주의의 영역 주권 개념은 한국 교회가 정치 참여의 균형점을 찾는 데 중요한 이론적 기초를 제공합니다. 두 관점은 때로 긴장 관계에 있는 것처럼 보이지만, 실제로는 상호 보완적으로 연결될 수 있습니다.

두 왕국 이론은 교회와 국가의 구분, 복음의 초월성, 그리스도인의 이중 시민권이라는 중요한 통찰을 제공합니다. 이는 교회가 특정 정치 세력과 동일시되거나 국가가 교회를 통제하는 위험을 방지하는 중요한 보호막입니다.

영역 주권 개념은 두 왕국 이론을 확장하고 보완하여 현대 사회의 다양한 영역들에 대한 더 구체적이고 적극적인 참여 비전을 제시합니다. 이는 그리스도인들이 단순히 교회와 국가라는 이분법을 넘어 삶의 모든 영역에서 하나님의 주권을 인정하고 기독교적 원칙을 적용할 것을 권장합니다. 특히 영역 주권 개념은 한국 교회와 그리스도인들에게 풍부한 통찰과 실천적 지혜를 제공합니다. 그것은 개인 경건과 사회 참여, 영적 갱신과 문화 변혁, 교회의 순수성과 공적 증언 사이의 거짓된 이분법을 극복하도록 도와줍니다. 무엇보다 우리에게 세상으로부터의 도피나 세상으로의 동화가 아니라 복음의 능력으로 세상을 변혁해 나가는 제3의 길을 제시합니다. 그러나 이 모든 것의 중심에는 예수 그리스도의 복음이 있어야 합니다.

여기에 두 왕국 이론의 역할이 있습니다. 두 왕국 이론은 우리에게 교회와 국가의 구분, 복음의 우선성, 종말론적 소망의 중요성을 상기시킵니다. 신칼뱅주의는 두 왕국 이론의 이러한 통찰을 유지하면서 문화 변혁과 적극적 참여의 비전을 제시합니다. 이 두 관점을 신중하게 통합할 때, 우리는 복음에 충실하면서도 사회에 의미 있는 기여를 할 수 있는 균형 잡힌 정치 참여의 모델을 발전시킬 수 있습니다.

이러한 균형 잡힌 접근은 한국 교회가 정치 참여의 두 가지 극단, 곧 완전한 비참여와 무분별한 정치화를 피하는 데 도움이 될 수 있습니다. 이는 두 왕국 이론의 교회-국가 구분을 유지하면서도, 신칼뱅주의의 문화 변혁 비전을 적용하는 지혜의 길입니다.

나눔을 위한 질문

1) 우리는 왜 정치 참여를 두려워하거나 회피하게 될까요?

2) '모든 영역에서 그리스도께서 주 되신다'는 말은 여러분의 삶에 어떤 의미가 있나요?

3) 교회는 사회 문제에 대해 어떤 방식으로 목소리를 내야 한다고 생각하나요?

4) 직업, 학교, 가정 등 내가 속한 영역에서 하나님 나라의 가치를 실천하려면 무엇이 필요할까요?

5) '기독교 문화' 혹은 '기독교적 가치'를 사회에 반영하는 데에 어떤 어려움이 있다고 느끼나요?

6) 정치적으로 의견이 다를 때, 같은 신앙 안에서 하나 됨을 지키려면 어떤 태도가 필요할까요?

7) 그리스도인의 사회 참여가 실패나 고난으로 끝날 때, 우리는 어떤 소망을 붙들어야 할까요?

4장

교회, 정치에 대해 어떻게 말해야 하는가?

최근 한 대형 교회 목사는 선거를 앞두고 다음과 같은 설교를 했습니다.

"우리는 하나님의 뜻에 따라 투표해야 합니다. 성경적 가치를 지키는 후보를 선택하는 것이 그리스도인의 의무입니다."

이 말에는 아무도 이의를 제기하지 않았습니다. 그러나 목사가 계속해서 말했습니다.

"따라서 모든 성도님들은 ○○당 후보에게 투표하셔야 합니다. 다른 후보는 반기독교적인 정책을 추진하고 있습니다."

이 말이 나오자 교회 내에 긴장감이 돌았습니다. 어떤 성도들은 열렬히 박수를 치며 동의했지만, 다른 성도들은 불편한 표정을 지었고, 몇몇은 자리를 떠났습니다.

이 사례는 한국 교회가 직면한 중요한 문제를 보여 줍니다.

교회와 목회자는 정치에 대해 어떻게, 어디까지 말해야 할까요?
특정 정당이나 후보를 공개적으로 지지하는 것이 적절한가요?
설교에서 정치 이슈를 다루는 것은 어디까지 허용되어야 할까요?

앞서 2장에서 살펴본 '두 왕국 이론'과 3장에서 살펴본 '신칼뱅주의와 영역 주권'의 원리를 기반으로, 이번 장에서는 교회가 정치에 대해 발언할 때 지켜야 할 원칙과 지혜를 탐구해 보겠습니다.

교회는 특정 정당을 지지할 수 있는가?

교회가 특정 정당이나 후보를 공식적으로 지지하는 것이 적절한지에 대해서는 신학적, 실천적으로 다양한 견해가 있습니다. 이 문제를 다양한 관점에서 살펴보겠습니다.

교회의 정치적 중립을 지지하는 입장

많은 신학자들과 교회 지도자들은 교회가 제도적으로 특정 정당이나 후보를 지지하는 것에 반대합니다. 그 이유는 다음과 같습니다.

첫째, 그리스도의 몸의 포용성 때문입니다. 교회는 다양한 정치 견해를 가진 사람들로 구성되어 있습니다. 특정 정당을 지지하면 다른 정치 견해를 가진 신자들을 소외시키고 교회의 일치를 해칠 수 있습니다.

둘째, 교회의 초월적 사명 때문입니다. 교회의 본질적 사명은 복음 전파와 제자 양육입니다. 특정 정치 세력과 지나치게 가까워지면 이 본질적 사명이 흐려질 위험이 있습니다.

셋째, 예언자적 목소리의 약화 때문입니다. 교회가 특정 정당과 동일시되면, 그 정당이 잘못된 정책을 추진할 때 비판적 목소리를 내기 어려워집니다. 교회는 모든 정치 세력에 대해 예언자적 거리를 유지할 필요가 있습니다.

넷째, 복음의 정치화 위험 때문입니다. 복음이 특정 정치 이념이나 프로그램과 동일시될 경우, 복음의 초월적이고 변혁적인 본질이 훼손될 수 있습니다.

이 관점을 것을 지지하는 목회자들은 이런 관점을 다음과 같이 표현합니다.

> 교회가 특정 정당을 지지하면, 우리는 그리스도의 몸을 정치적으로 분열시키는 것입니다. 저는 진보 성향 교인도, 보수 성향 교인도 모두 환영합니다. 그들 모두 그리스도 안에서 형제자매이기 때문입니다. 교회의 일치는 정치적 일치가 아니라 그리스도 안에서의 일치입니다.

교회의 정치 참여를 지지하는 입장

반면, 일부 신학자들과 교회 지도자들은 교회가 특정 상황에서 더 직접적으로 정치적 입장을 취할 수 있다고 주장합니다.

첫째, 도덕적 이슈의 정치화 때문입니다. 낙태, 성 소수자 권리, 빈곤, 인종 차별 등 본질적으로 도덕적인 이슈들이 정치적 쟁점이 되었을 때, 교회는 성경적 가치에 기반한 입장을 분명히 할 필요가 있습니다.

둘째, 극단적 상황에서의 저항 때문입니다. 나치 독일 시대의 '고백교회'처럼, 국가 권력이 심각하게 불의를 저지르거나 인권을 침해할 때, 교회는 더 직접적으로 정치적 저항을 해야 할 수도 있습니다.

셋째, 공적 증언의 구체성 때문입니다. 정의와 공의에 대한 교회의 가르침이 추상적 원칙에만 머물지 않고 구체적 정책과 행동으로 이어지기 위해서는 때로 더 명확한 정치적 입장이 필요할 수 있습니다.

이 관점을 지지하는 목회자들은 다음과 같이 주장합니다.

> 역사적으로 한국 교회는 일제 강점기와 군사 독재 시기에 더 분명한 정치적 입장을 취했습니다. 극심한 불의 앞에서 교회가 '정치적 중립'이라는 이름으로 침묵한다면, 그것은 사실상 현상 유지를 지지하는 것과 다름없습니다.

균형 잡힌 접근법: 원칙 중심의 정치 참여

이 두 관점 사이에서 균형 잡힌 접근법을 찾는다면, '특정 정당이나 후보에 대한 지지'와 '성경적 원칙에 기반한 정치적 발언' 사이의 구분이 중요합니다. 교회는 특정 정당이나 후보를 직접적으로 지지하기보다 성경적 가치와 원칙을 명확히 가르치고, 성도들이 그 원칙에 기반하여 스스로 정치적 판단을 내리도록 돕는 역할을 해야 합니다.

2장에서 논의한 '두 왕국 이론'의 관점에서 보면, 교회는 영적 권위를 가지고 복음과 성경적 원칙을 가르치지만, 세속 왕국의 구체적인 정책에 대한 선택은 개인의 양심과 판단의 영역에 맡기는 것이 바람직합니다.

교회는 '당파적'(partisan)이 아니라 '정치적'(political)이어야 합니다. 즉, 특정 정당을 지지하는 것이 아니라 정의, 평화, 생명 존중, 약자 보호와 같은 성경적 가치를 공적 영역에서 증언하는 것, 그것이 더 성경 원칙에 부합합니다.

설교에서 정치 문제를 다뤄도 되는가?

목회자가 설교에서 정치 이슈를 다루는 것이 적절한지에 대해서도 다양한 의견이 있습니다.

설교에서 정치 문제를 다루는 것에 반대하는 입장

일부 목회자와 신학자들은 설교단이 정치적 논쟁의 장이 되어서는 안 된다고 주장합니다.

첫째, 예배의 초점 유지 때문입니다. 예배와 설교의 주요 목적은 하나님을 영화롭게 하고 그리스도를 높이는 것입니다. 정치 이슈가 이 본질적 초점을 흐릴 수 있습니다.

둘째, 정치적 편향의 위험 때문입니다. 대부분의 목회자들도 자신의 정치 견해를 가지고 있으며, 이것이 설교에 과도하게 반영될 경우 성경 본문의 객관적 해석보다 정치적 의제가 우선시될 위험이 있습니다.

셋째, 교회의 분열 초래 때문입니다. 정치적으로 민감한 이슈를 다루면 교회 공동체 내에서 갈등과 분열을 초래할 수 있습니다.

이 관점을 주장하는 목회자들은 다음과 같이 말합니다.

> 저는 설교에서 정치 이야기를 거의 하지 않습니다. 성도들은 각자 다른 정치 견해를 가지고 있고, 제 목표는 그들을 하나님께 더 가까이 인도하는 것이지, 제 정치 견해에 동의하도록 설득하는 것이 아닙니다.

설교에서 정치 문제를 다루는 것을 지지하는 입장

반면, 다른 목회자들은 성경이 정치, 경제, 사회 정의와 같은 이슈들을 다루고 있기 때문에 설교자도 이러한 주제들을 다룰 책임이 있다고 주장합니다.

첫째, 성경의 포괄적 메시지 때문입니다. 성경은 개인의 영적 삶뿐만 아니라 공동체의 정의, 평화, 약자 보호 등 본질적으로 '정치적'인 주제들도 다루고 있습니다. 3장에서 논의한 카이퍼의 '영역 주권' 개념은 이 점을 강조합니다.

둘째, 예언자적 전통 때문입니다. 구약의 선지자들은 종종 부패한 정치

지도자들과 부정의한 사회 구조를 비판했습니다. 오늘날의 설교자들도 이러한 예언자적 전통을 계승할 필요가 있습니다.

셋째, 온전한 제자도 때문입니다. 그리스도를 따르는 것은 개인 경건뿐만 아니라 공적 영역에서의 책임 있는 행동도 포함합니다. 설교는 이러한 온전한 제자도를 가르쳐야 합니다.

이 관점을 지지하는 목회자들은 다음과 같이 주장합니다.

> 아모스, 이사야, 미가와 같은 선지자들은 당대의 정치적, 경제적 불의를 강력하게 비판했습니다. 예수님도 당시의 종교적, 정치적 권력 구조에 도전하셨습니다. 우리가 이런 본문들을 설교하면서 오늘날의 정치적, 사회적 이슈에 대해 침묵한다면, 그것은 성경 메시지의 일부를 무시하는 것입니다.

균형 잡힌 접근법: 원칙 중심의 정치 설교

이 두 관점 사이에서 균형을 찾는다면, 설교에서 정치 이슈를 다룰 때 다음과 같은 원칙을 고려할 수 있습니다.

첫째, 성경 중심입니다. 정치 이슈를 다룰 때에도 항상 성경 본문에서 출발하고, 성경의 원칙과 가치를 중심으로 해석해야 합니다.

둘째, 특정 정당이나 후보 언급을 자제하는 것입니다. 구체적인 정책 이슈를 다룰 수 있지만, 특정 정당이나 후보를 직접 지지하거나 비난하는 것은 피해야 합니다.

셋째, 다양한 적용 가능성을 인정하는 것입니다. 동일한 성경적 원칙이라도 구체적인 정책으로 적용할 때에는 다양한 접근이 가능함을 인정해야 합니다.

넷째, 겸손한 태도를 유지하는 것입니다. 복잡한 정치 이슈에 대해 단순한 해답을 제시하기보다 성도들이 스스로 분별하고 판단할 수 있도록 돕는 겸손한 태도가 필요합니다.

다섯째, 양쪽 관점을 공정하게 제시하는 것입니다. 논쟁적인 이슈를 다룰 때에는 다양한 관점을 공정하게 제시하고, 각 입장의 강점과 약점을 성경적 관점에서 평가해야 합니다.

설교자는 설교에서 낙태, 빈곤, 인종 차별, 이민자 문제 등 정치적으로 민감한 이슈들을 다룰 수 있습니다. 그러나 그럴 때 우리는 '성경이 이 문제에 대해 무엇을 말하는가?'에서 시작해야 함을 항상 기억해야 합니다. 그리고 다양한 정치적 관점을 가진 성도들이 각자의 양심에 따라 이러한 원칙을 어떻게 적용할 수 있는지 생각해 보도록 격려해야 합니다. 설교자의 역할은 특정 정치적 입장을 강요하는 것이 아니라 성도들이 성경적 관점에서 사고할 수 있도록 돕는 것입니다.

교회가 정치화되지 않으면서도 '예언자적 목소리'를 내는 방법

교회가 정치적 편향성 없이 사회 문제에 대해 의미 있는 '예언자적 목소리'를 내는 방법은 무엇일까요? 몇 가지 구체적인 방향을 제시해 보겠습니다.

성경적 원칙에 근거한 발언

교회의 정치적 발언은 항상 명확한 성경적 원칙에 근거해야 합니다. 이는 단순한 정치 견해가 아니라 성경이 명확하게 가르치는 가치와 원칙(정의, 생명 존중, 약자 보호, 진실성, 청지기 책임 등)에 기반한 발언이어야 합니다.

예를 들면 이렇습니다. '최저 임금 인상'과 같은 구체적인 정책을 지지하거나 반대하기보다, '노동자의 존엄성'이나 '경제적 정의'와 같은 성경적 원칙을 강조하는 것입니다. 이것이 더 원칙에 가깝고, 이러한 원칙을 구체적인 정책으로 어떻게 적용할지와 관련해서는 다양한 견해가 있을 수 있음을 인정할 필요가 있습니다.

당파성을 초월한 일관성

교회의 예언자적 목소리는 정치적 당파성을 초월한 일관성을 가져야 합니다. 즉, 교회는 정권이나 정당에 따라 입장을 바꾸지 않고, 동일한 성경적 원칙을 일관되게 적용해야 합니다. 진정한 예언자적 목소리를 내려면, 어떤 정당이 집권하든 동일한 기준으로 말해야 합니다. 보수 정권 때에는 침묵하다가 진보 정권 때에만 비판하는 것은 문제고, 그 반대의 경우도 마찬가지로 문제입니다. 이것이 교회가 정치화되지 않으면서도 예언자적일 수 있는 방법입니다.

약자와 소외된 자들을 위한 옹호

성경은 일관되게 약자, 소외된 자, 억압받는 자들을 향한 하나님의 특별한 관심을 보여 줍니다. 교회의 예언자적 목소리는 이들을 위한 옹호에 초점을 맞춰야 합니다. 사실 교회가 정치적 편향 없이 예언자적 목소리를 내는 한 가지 방법은 항상 '가장 약한 자들'의 편에 서는 것입니다. 이는 특정 정당을 지지하는 것이 아니라 모든 정치 세력에게 가장 취약한 이들을 보호하라고 요구하는 것입니다.

정치 교육과 시민 역량 강화

교회는 성도들의 정치 이해력과 시민 역량을 강화하는 교육을 제공할 수 있습니다. 이는 '무엇을 선택해야 하는지'를 지시하기보다 '어떻게 성경적 관점에서 정치적 판단을 내릴 수 있는지'를 가르치는 접근입니다.

예컨대, '그리스도인과 시민 책임' 교육과정을 개발해서, 교인들에게 민주주의의 기본 원리, 정치 시스템의 작동 방식, 정치 참여의 다양한 방법, 그리고 정치적 판단에 적용할 수 있는 성경적 원칙들을 가르치는 것입니다. 이 교육과정의 목표는 교인들이 '정치적으로 문맹'인 상태에서 벗어나 비판적 사고와 성경적 분별력을 갖춘 책임 있는 시민이 되도록 돕는 것입니다. 교회는 교인들에게 '무엇'을 생각해야 하는지가 아니라 '어떻게' 생각해야 하는지 가르칠 필요가 있습니다.

목회자와 교회 지도자를 위한 실천적 지침

지금까지의 논의를 바탕으로, 목회자와 교회 지도자들이 정치 이슈에 대해 발언할 때 고려해야 할 실천적 지침을 제안한다면 다음과 같습니다.

설교와 교회 공식 발언에 관한 지침

성경에 근거할 것

정치 이슈를 다룰 때에도 항상 성경 본문에서 출발하고, 명확한 성경적 원칙에 근거해 발언해야 합니다. 이는 단순히 성경 구절을 인용하는 것을 넘어, 본문의 역사적 맥락과 신학적 의미를 충실히 해석하는 것을 의미합니다.

실천 방안

- 정치 이슈를 다루기 전에 관련된 성경 본문을 철저히 연구합니다.
- 설교 준비 과정에서 성경 본문이 정치적 의제보다 우선시되도록

합니다.
- 성경의 다양한 관점(율법서, 역사서, 지혜 문학, 예언서, 복음서, 서신서 등)을 균형 있게 참고합니다.
- 성경을 해석할 때 교회의 풍부한 전통과 역사적 해석을 고려합니다.

성경에서는 이민자, 빈곤층, 소외된 자들에 대한 태도, 권력과 권위에 대한 관점, 정의와 공의에 대한 원칙 등 현대 정치 이슈와 관련된 많은 가르침이 있습니다. 목회자는 이러한 원칙들을 특정 정책이나 정파적 입장이 아닌 보편적 원칙으로 가르칠 때 가장 효과적입니다.

복잡성을 인정할 것

대부분의 정치 이슈는 복잡하며 단순한 해답이 없음을 인정해야 합니다. 복잡한 문제를 지나치게 단순화하지 않는 지적 정직성이 필요합니다. 복잡한 현실을 인정하는 것은 약점이 아니라 지혜의 시작입니다.

실천 방안

- 정치 이슈의 다양한 측면과 관련된 이해관계를 포괄적으로 연구합니다.
- '회색 지대'와 딜레마를 인정하고, 모든 것이 흑백으로 나뉘지 않음을 설명합니다.

- 성도들에게 복잡한 이슈에 대한 인내심과 숙고의 중요성을 가르칩니다.
- 다양한 시나리오와 해결책의 장단점을 객관적으로 설명합니다.

사회 이슈에는 대개 다양한 이해관계와 관점이 얽혀 있습니다. 예를 들어, 경제 정책은 경제 성장, 분배 정의, 환경적 지속 가능성, 세대 간 형평성 등 여러 가치가 충돌하는 영역입니다. 목회자는 이러한 복잡성을 인정하고, 단순한 해답보다는 분별력 있는 접근의 중요성을 강조할 필요가 있습니다.

다양한 견해를 존중할 것

동일한 성경적 원칙에서 출발하더라도 구체적인 정책 적용과 관련해서는 신실한 그리스도인들 사이에도 다양한 견해가 있을 수 있음을 인정해야 합니다. 이러한 다양성을 인정하는 것은 교회의 일치를 위해 중요합니다.

실천 방안

- 특정 정치 이슈에 대한 다양한 기독교적 접근을 공정하게 소개합니다.
- 다른 견해를 가진 신자들을 존중하는 언어를 사용합니다.
- 핵심 신앙 고백에서의 일치와 정치 견해에서의 다양성을 구분합니다.

- 복잡한 이슈에 대해 신자들이 서로의 견해를 경청하고 배울 수 있는 안전한 대화의 장을 마련합니다.

역사적으로 신실한 그리스도인들은 사회 정의, 전쟁과 평화, 경제 정책 등에 대해 다양한 입장을 취해 왔습니다. 이러한 다양성을 인정하는 것은 교회 공동체 내에서 상호 존중과 배움의 문화를 조성하는 데 도움이 됩니다.

정치적 편향을 경계할 것

자신의 정치적 선호가 신학적 해석에 부당하게 영향을 미치지 않도록 끊임없이 자신을 점검해야 합니다. 모든 사람은 어느 정도 정치적 편향을 가지고 있으므로, 이를 인식하고 균형을 유지하려는 노력이 중요합니다.

실천 방안
- 자신의 정치 성향과 선호를 정직하게 인식하고 점검합니다.
- 다양한 관점의 뉴스 미디어와 연구 자료를 접합니다.
- 성경 본문을 해석할 때 자신의 정치 견해가 미치는 영향을 의식적으로 성찰합니다.
- 설교나 가르침에서 정치적 편향이 드러나지 않는지 정기적으로 점검합니다.

정치 편향은 종종 무의식적으로 작용합니다. 설교자는 성경 본문의 의미를 발견할 때 자신의 정치 견해보다 성경 자체의 메시지가 우선되도록 노력해야 합니다. 다양한 관점의 주석서와 신학 자료를 참고하는 것은 이러한 노력에 도움이 됩니다.

적절한 언어를 사용할 것

정치적 반대자를 악마화하거나 혐오하는 언어를 사용하지 않고 존중과 품위를 유지하는 언어를 사용해야 합니다. 언어는 현실을 형성하는 강력한 도구이기 때문에 교회 지도자는 언어 사용에 특별한 주의를 기울여야 합니다.

실천 방안

- 정치적 반대자를 묘사할 때 공정하고 존중하는 언어를 사용합니다.
- 감정적 반응을 자극하는 선동적 언어나 극단적 표현을 피합니다.
- 복잡한 문제를 과도하게 단순화하는 구호나 표현을 경계합니다.
- 정치적 대화에서 '우리 vs 그들'의 이분법적 언어를 피합니다.

교회 지도자의 언어는 교회 공동체뿐만 아니라 더 넓은 사회에도 영향을 미칩니다. 존중과 품위를 유지하는 언어 사용은 그리스도의 평화와 화해의 메시지를 전하는 중요한 방법입니다. 특히 정치적으로 분열된 시대에, 목회자는 언어를 통해 다리를 놓는 역할을 할 수 있습니다.

교회의 공식적 정치 참여에 관한 지침

초당파적 접근

교회는 특정 정당이나 후보보다 성경적 원칙과 가치를 중심으로 발언해야 합니다. 이는 교회의 예언자적 증언이 특정 정파나 이념에 종속되지 않도록 보호합니다.

실천 방안

- 교회 성명서나 공식 발언에서 특정 정당이나 후보에 대한 직접적 지지나 반대를 피합니다.
- 구체적인 정책이나 법안에 대해 발언할 때에는 성경적 가치와 원칙을 중심으로 접근합니다.
- 여러 정당의 정책들 중 성경적 가치에 부합하는 요소들을 공정하게 인정합니다.
- 교회의 공식적 정치 참여가 복음 증거의 기회가 되도록 신중하게 접근합니다.
- 사회적 정의와 공동선에 관한 교회의 관심이 특정 정치 이념이나 정당과 동일시되지 않도록 합니다.

교회가 정치 이슈에 대해 발언할 때, 그 기준은 특정 정당이나 이념의 플랫폼이 아니라 성경의 가르침이어야 합니다. 예를 들어, 생명의 존엄성, 가정의 가치, 가난한 자를 위한 정의, 환경 보호 등의 주제에 대해 성경적 관점에서 접근할 때, 이는 어느 한 정당의 입장과 완전히 일치하지 않을 가능성이 높습니다.

일관성 유지

정권이나 정당에 따라 다른 기준을 적용하지 않고, 동일한 성경적 원칙을 일관되게 적용해야 합니다. 이러한 일관성은 교회 발언의 신뢰성과 도덕적 권위를 강화합니다.

실천 방안

- 다양한 정치 상황에서 동일한 성경적 원칙을 적용합니다.
- 자신이 지지하는 정당이나 정치인에 대해서도 비판적 시각을 유지합니다.
- 정치 논쟁에서 '자기편'의 잘못된 행동이나 주장에 대해서도 정직하게 평가합니다.
- 교회의 과거 입장과 현재 입장 사이의 일관성을 유지합니다.
- 정권 교체와 관계없이 사회적, 도덕적 이슈에 대해 동일하게 목소리를 냅니다.

교회는 권력 남용, 부패, 사회적 불의, 인권 침해 등에 대해 이를 저지르는 정치 세력이 누구든 동일한 기준으로 비판적 목소리를 내야 합니다. 이러한 일관성은 교회가 진정으로 하나님 나라의 가치를 추구하고 있음을 보여 주는 증거입니다.

공동체 내 다양성 존중

교회 내에 다양한 정치 견해가 있음을 인정하고, 소수 의견도 존중하는 포용적인 공동체 문화를 조성해야 합니다. 이러한 포용성은 교회의 일치와 선교적 증언을 강화합니다.

실천 방안

- 교회 내 다양한 정치 견해를 가진 사람들이 환영받고 존중받는다고 느낄 수 있는 문화를 조성합니다.
- 정치 이슈에 대한 교회의 공식 입장을 결정할 때 다양한 관점을 가진 구성원들의 의견을 포함시킵니다.
- 정치적 소수 의견을 가진 구성원들이 자신의 견해를 안전하게 표현할 수 있는 공간을 마련합니다.
- 정치적 차이에도 불구하고 그리스도 안에서의 일치를 강조합니다.

교회는 다양한 정치적 배경과 견해를 가진 사람들이 함께 예배하고 섬기며 교제하는 특별한 공동체입니다. 이러한 다양성 속에서도 그리스도 안에서 하나 됨을 경험하는 것은 복음의 화해 능력을 보여 주는 강력한 증거가 될 수 있습니다.

정치적 행동의 자발성

교회가 어떤 정치적 행동(서명, 집회 참여 등)을 할 때, 성도들의 참여는 항상 자발적이어야 하며 참여하지 않는 것이 신앙적 결함으로 취급되어서는 안 됩니다. 이는 개인의 양심의 자유를 존중하는 것입니다.

실천 방안

- 정치적 행동에 참여하도록 권유할 때 압력이나 강제성을 배제합니다.
- 특정 정치적 행동에 참여하지 않는 성도들을 판단하거나 소외시키지 않습니다.
- 정치적 행동 참여를 제안할 때 그 목적과 성경적 근거를 명확히 설명합니다.
- 성도들이 자신의 양심과 신앙적 확신에 따라 결정할 수 있도록 존중합니다.
- 다양한 형태의 정치적, 사회적 참여 방법을 제시하여 각자의 은사와 상황에 맞게 참여할 수 있도록 합니다.

교회는 특정 사회적 이슈에 대해 집단적 행동을 취할 수 있지만, 이 과정에서 개인의 양심의 자유를 존중해야 합니다. 모든 그리스도인이 동일한 정치적 행동에 동일한 방식으로 참여해야 한다고 기대하는 것은 비현실적이며, 때로는 비성경적입니다. 다양한 참여 방식을 인정하고 존중하는 것이 중요합니다.

예언자적 거리 유지

교회는 모든 정치 세력에 대해 비판적 거리를 유지하고, 어떤 정치 세력과도 지나치게 가까운 관계를 맺지 않아야 합니다. 이는 교회의 독립성과 예언자적 목소리를 보존하기 위해 필수적입니다.

실천 방안

- 어떤 정치 세력이나 정당과도 지나치게 동일시되는 것을 경계합니다.
- 정치 지도자들과의 관계에서 적절한 비판적 거리를 유지합니다.
- 교회가 특정 정치 세력의 도구나 지지 기반으로 이용되지 않도록 주의합니다.
- 모든 권력과 권위에 대해 성경적 관점에서 비판적 평가를 유지합니다.
- 정치적 승리나 영향력보다 복음의 순수성과 교회의 증언을 우선시합니다.

교회 역사를 통해 볼 때, 교회가 정치 권력과 지나치게 가까워질 때마다 교회의 예언자적 목소리와 도덕적 권위가 약화되곤 했습니다. 교회는 어떤 정치 세력에도 영합하지 않고, 모든 권력을 하나님의 주권과 정의의 관점에서 평가할 수 있는 비판적 거리를 유지해야 합니다.

성도들의 정치 참여를 위한 교육 지침

성경적 세계관 교육

성도들이 정치 이슈를 단순히 세속적 이념이 아니라 성경적 원칙과 가치에 비추어 평가할 수 있도록 돕는 교육이 필요합니다. 이러한 교육은 그리스도인들이 정치적 판단을 내릴 때 신앙과 삶을 통합하도록 돕습니다.

실천 방안

- 성경적 세계관의 기본 원리와 현대 사회 이슈에의 적용을 가르치는 체계적인 교육과정을 개발합니다.
- 주요 정치적, 사회적 이슈에 대한 다양한 기독교적 접근을 소개하는 자료를 제공합니다.
- 그리스도인의 시민적 책임과 참여에 관한 성경적, 신학적 기초를 가르칩니다.
- 신앙과 정치의 관계에 대한 교회 역사 속의 다양한 모델과 사례를 소개합니다.
- 신앙 공동체 내에서 정치 이슈에 대한 대화와 토론을 장려합니다.

성경적 세계관 교육은 정치적 판단의 '무엇'(특정 정책이나 후보)보다 '어떻게'(어떤 원칙과 가치로 판단할 것인가)에 초점을 맞추어야 합니다. 이는 성도들이 변화하는 정치 환경 속에서도 일관된 신앙적 기준을 적용할 수 있도록 돕습니다.

비판적 사고 능력 개발

성도들이 다양한 정보와 주장을 비판적으로 평가하고, 허위 정보와 선동적 메시지를 분별할 수 있는 능력을 키울 수 있도록 돕는 것이 중요합니다. 이는 정보가 넘쳐나고 가짜 뉴스가 범람하는 시대에 특히 중요합니다.

실천 방안

- 미디어 리터러시와 정보 평가 방법에 관한 워크숍이나 세미나를 제공합니다.
- 다양한 뉴스 소스와 정보원을 평가하고 비교하는 방법을 가르칩니다.
- 논리적 오류와 선동적 수사를 식별하는 능력을 기르는 교육을 실시합니다.
- 정치적 주장이나 정책을 평가할 때 사용할 수 있는 질문과 기준을 제시합니다.
- 비판적 사고와 열린 마음의 균형을 강조하는 대화 문화를 조성합니다.

비판적 사고 능력은 단순히 정보를 의심하는 것이 아니라 정보의 출처, 증거, 논리, 맥락 등을 종합적으로 평가하는 능력입니다. 이는 그리스도인들이 복잡한 정치적 담론 속에서 지혜롭게 분별하고 참여하도록 돕습니다.

시민 교육

민주주의의 기본 원리, 정치 시스템의 작동 방식, 참여 방법 등에 대한 기본적인 시민 교육을 제공합니다. 이는 효과적인 정치 참여의 기초가 됩니다.

실천 방안

- 민주주의의 기본 원리와 가치, 그리고 그것의 성경적 연관성에 대해 가르칩니다.
- 정부 구조, 입법 과정, 선거 시스템 등 정치 제도의 기본 작동 방식을 설명합니다.
- 투표, 청원, 지역 참여 등 다양한 시민 참여 방법과 그 영향력을 소개합니다.
- 지역 사회부터 국가, 국제 사회까지 다양한 수준의 정치 참여 기회를 안내합니다.
- 정치 참여의 영적, 도덕적 의미와 중요성을 강조합니다.

많은 그리스도인들이 정치 시스템이 어떻게 작동하는지, 어떻게 효과적으로 참여할 수 있는지에 대해서 기본만큼도 잘 이해하지 못하는 경우가 있습니다. 시민 교육은 이러한 지식 격차를 해소하고,

성도들이 더 효과적으로 소금과 빛의 역할을 할 수 있도록 돕습니다.

타 문화와 관점 이해

다른 사회적, 문화적, 경제적 배경을 가진 사람들의 관점과 경험을 이해할 수 있는 기회를 제공합니다. 이는 정치적 대화에서 공감과 상호 이해를 증진시킵니다.

실천 방안

- 다양한 사회적, 경제적, 문화적 배경을 가진 사람들의 경험과 관점을 소개하는 자료나 증언을 공유합니다.
- 다른 교단이나 신학적 전통의 정치적 접근법을 이해하는 기회를 제공합니다.
- 국제적 관점과 타 문화권 그리스도인들의 정치적 경험을 배울 수 있는 기회를 마련합니다.
- 사회적 약자나 소수자 그룹의 경험과 관점을 이해하는 대화 프로그램을 운영합니다.
- 교회 내 다양한 세대 간의 정치적 관점 차이를 이해하고 대화하는 기회를 만듭니다.

타 문화와 관점에 대한 이해는 정치적 대화에서 공감과 상호 존중을 가능하게 합니다. 이는 교회가 사회의 분열을 넘어 화해와 일치의 모델이 되는 데 중요한 요소입니다.

공동선 지향

단순히 개인이나 특정 집단의 이익이 아니라 사회 전체의 공동선을 고려하는 정치 참여를 독려합니다. 이는 그리스도인의 이웃 사랑과 정의에 대한 헌신의 표현입니다.

실천 방안

- 성경이 말하는 '샬롬'과 '공동선'의 개념을 가르치고, 이것이 정치 참여에 어떻게 적용되는지 설명합니다.
- 정치적 결정이 다양한 사회 구성원, 특히 가장 취약한 이들에게 미치는 영향을 고려하도록 격려합니다.
- 단기적 이익과 장기적 영향, 현 세대와 미래 세대에 대한 책임을 균형 있게 고려하는 사고방식을 발전시킵니다.
- 특정 정책이나 후보를 평가할 때, '누구에게 이익이 되는가?'와 '누구에게 부담이 되는가?'를 함께 질문하도록 합니다.
- 정치적 결정에서 '최소 수혜자'에 대한 특별한 관심을 갖는 성경적 원칙을 강조합니다.

기독교적 정치 참여는 단순히 자신이나 자신의 집단에게 유리한 결정을 추구하는 것이 아니라 모든 사람, 특히 가장 약한 이들을 포함한 사회 전체의 번영과 정의를 추구하는 것입니다. 이러한 공동선 지향은 그리스도인의 정치 참여를 단순한 이익 추구나 권력 투쟁과 구별되게 합니다.

교회 지도자의 자기 성찰과 영적 준비

정치 이슈에 대해 말하고 행동할 때, 교회 지도자 자신의 영적 준비와 자기 성찰이 무엇보다 중요합니다. 이는 모든 실천적 지침의 기초가 되는 부분입니다.

기도와 영적 분별력

정치 이슈에 접근할 때에도 먼저 기도하고 성령의 인도하심을 구하는 영적 분별의 자세가 필요합니다.

실천 방안

- 정치 이슈에 대한 교회의 입장이나 행동을 결정하기 전에 기도와 묵상의 시간을 갖습니다.
- 개인적 선호나 정치적 편향보다 하나님의 뜻을 분별하고자 하는 진실한 마음을 유지합니다.
- 복잡한 정치 이슈에 대해 성급한 판단을 내리기보다 인내와 기다림의 자세를 가집니다.
- 성령의 인도하심에 민감하게 반응하는 열린 자세를 유지합니다.
- 정치적 발언이나 행동에 앞서 그것이 진정 하나님의 영광과 이웃의 선을 위한 것인지 점검합니다.

기도와 영적 분별력은 교회 지도자가 정치 이슈에 접근할 때 세속적 사고방식이 아닌 하나님 나라의 관점을 유지하는 데 도움이 됩니다.

겸손과 배움의 자세

복잡한 정치 이슈에 대해 모든 답을 알고 있다는 태도보다 겸손하게 배우고 성장하려는 자세가 중요합니다.

실천 방안

- 자신의 지식과 이해의 한계를 인정하고, 계속해서 배우고 성장하려는 자세를 유지합니다.
- 다양한 관점과 경험을 가진 사람들의 의견을 진지하게 경청합니다.
- 자신의 정치 견해나 판단이 잘못될 수 있음을 인정하는 겸손함을 가집니다.
- 정치적 대화에서 가르치는 역할만큼이나 배우는 역할의 중요성을 인식합니다.
- 성도들과 함께 복잡한 이슈를 탐구하고 분별하는 공동 여정의 자세를 취합니다.

겸손과 배움의 자세는 교회 지도자가 독단적이거나 편협한 정치 견해를 피하고, 더 균형 잡힌 관점을 발전시키는 데 도움이 됩니다.

개인적 온전함과 일관성

교회 지도자는 정치 이슈에 대해 말할 때 자신의 삶과 말이 일치하는 개인적 온전함을 추구해야 합니다.

실천 방안

- 정치 이슈에 대해 가르치는 원칙들을 자신의 삶에서 먼저 실천하려고 노력합니다.
- 자신이 비판하는 정치적 관행이나 태도를 자신도 무의식적으로 따르고 있지 않은지 점검합니다.
- 공적 발언과 사적 행동 사이의 일관성을 유지합니다.
- 정직, 정의, 사랑, 자비와 같은 기본적인 기독교 가치를 정치 영역에서도 실천합니다.
- 정치적 대화에서도 그리스도를 닮은 성품을 드러내려고 노력합니다.

개인적 온전함과 일관성은 교회 지도자의 정치적 발언에 신뢰성과 도덕적 권위를 부여합니다. 말과 삶이 일치할 때, 그 메시지는 더 큰 영향력을 갖게 됩니다.

하나님 나라에 대한 궁극적 충성

교회 지도자는 어떤 정치적 세력이나 이념보다 하나님 나라에 대한 궁극적 충성을 유지해야 합니다.

실천 방안

- 정치적 충성과 신앙적 충성이 충돌할 때, 항상 하나님 나라의 가치를 우선시합니다.

- 자신의 정치 견해나 소속을 절대화하지 않고, 항상 하나님의 주권 아래에서 상대화합니다.
- 정치적 성공이나 영향력보다 하나님의 뜻과 가치 실현을 우선시합니다.
- 현재의 정치 구도를 넘어서는 하나님 나라의 더 큰 비전을 항상 염두에 둡니다.
- 교회의 정체성이 어떤 정치적 정체성보다 우선함을 강조합니다.

하나님 나라에 대한 궁극적 충성은 교회 지도자가 정치 이슈에 대해 균형 잡힌 관점을 유지하고, 어떤 세속적 권력이나 이념에도 종속되지 않는 독립성을 갖게 합니다.

균형 잡힌 정치적 발언을 향하여

교회가 정치에 대해 발언하는 것은 피할 수 없고, 또한 피해서도 안 되는 중요한 과제입니다. 문제는 교회가 정치에 대해 '말해야 하는가'가 아니라 '어떻게 말해야 하는가'입니다. 지금까지 말한 것을 정리하자면 다음과 같습니다.

원칙적이지만 당파적이지 않게
성경적 원칙과 가치를 명확히 하지만, 특정 정당이나 후보와 동일시되지 않아야 합니다. 교회의 정치적 발언은 특정 정파의 이익이 아니라 하나님의 정의와 모든 사람의 존엄성을 추구해야 합니다. 이를 위해 교회는 다음과 같은 자세를 따를 필요가 있습니다.

- 정치 이슈를 다룰 때 성경적 원칙을 명확히 제시합니다.
- 특정 정당이나 후보에 대한 공식적 지지를 피합니다.
- 정책과 행동을 평가할 때 일관된 도덕적, 영적 기준을 적용합니다.
- 정파적 이익보다 공동선을 우선시합니다.
- 모든 정치 세력에 대해 비판적 독립성을 유지합니다.

예언자적이지만 정치화되지 않게

불의와 부정에 대해 분명한 목소리를 내지만, 세속 정치 논리에 휘말리지 않아야 합니다. 교회의 목소리는 특정 정치적 의제가 아니라 하나님 나라의 가치에 근거해야 합니다. 이를 위해 교회는 다음과 같은 자세를 따를 필요가 있습니다.

- 모든 권력과 권위에 대해 예언자적 비판을 유지합니다.
- 정치 이슈를 다룰 때에도 복음의 관점을 잃지 않습니다.
- 정치적 승리보다 진리와 정의의 증언에 초점을 맞춥니다.
- 세속적 권력의 유혹과 압력에 저항합니다.
- 하나님 나라의 대안적 비전을 제시합니다.

참여적이지만 강요하지 않게

공적 이슈에 적극적으로 참여하지만, 다양한 정치 견해를 존중하는 포용적 공동체를 유지해야 합니다. 교회는 참여를 격려하지만, 특정한 정치적 행동을 강요해서는 안 됩니다. 이를 위해 교회는 다음과 같은 자세를 따를 필요가 있습니다.

- 정치 참여의 중요성을 가르치지만, 특정 방식의 참여를 강요하지 않습니다.
- 다양한 정치 견해를 가진 성도들을 동등하게 존중합니다.
- 정치적 차이에도 불구하고 그리스도 안에서의 일치를 강조합니다.
- 개인의 양심과 판단의 자유를 존중합니다.
- 다양한 형태의 시민 참여와 공적 봉사를 격려합니다.

분명하지만 겸손하게

성경적 가치에 근거한 확신을 분명히 표현하지만, 복잡한 정치 이슈에 대한 단순한 해답을 제시하는 교만을 피해야 합니다. 교회는 진리를 선포하지만, 항상 사랑과 겸손의 자세를 유지해야 합니다. 이를 위해 교회는 다음과 같은 자세를 따를 필요가 있습니다.

- 핵심 가치와 원칙에 대해서는 분명한 입장을 취합니다.
- 복잡한 정치 현실에 대한 자신의 이해가 제한적임을 인정합니다.

- 다른 관점에서 배우고 성장하려는 열린 자세를 유지합니다.
- 정치적 대화에서 존중과 품위를 잃지 않습니다.
- 진리를 말하지만, 항상 사랑 안에서 말합니다.

오늘날 한국 사회는 여전히 극심한 정치적 양극화를 겪고 있습니다. 이런 상황에서 교회는 진영 논리를 강화하는 또 하나의 목소리가 아니라 화해와 공동선을 추구하는 대안적 목소리가 되어야 합니다. 교회가 정치에 대해 말할 때, 그것은 단순히 세속적 논쟁에 종교적 무게를 더하는 것이 아니라, 하나님 나라의 가치인 정의, 평화, 화해, 사랑을 이 세상에 구현하기 위한 예언자적 증언이어야 합니다. 그렇게 할 때, 교회는 분열된 사회 속에서 화해와 일치의 모델이 되고, 하나님의 정의와 평화가 이 땅에 임하게 하는 그리스도의 대사로서의 역할을 감당할 수 있을 것입니다.

나눔을 위한 질문

1) 교회가 정치에 대해 발언할 때, 무엇을 가장 조심해야 한다고 생각하나요?

2) '예언자적 목소리'와 '정치적 편향'은 어떻게 다를까요? 실제 사례를 떠올려 이야기해 봅시다.

3) 목회자가 설교에서 정치 이슈를 다루는 것에 대해 어떻게 생각하나요? 어떤 조건이 필요할까요?

4) 여러분이 생각하는 '성경적 가치에 따른 정치 참여'는 어떤 모습인가요?

5) 교회 공동체 안에서 다양한 정치적 견해를 가진 이들과 건강하게 교제하려면 어떤 태도가 필요할까요?

6) 그리스도인으로서 내가 속한 사회에 책임 있게 참여하기 위해 실천할 수 있는 한 가지는 무엇인가요?

7) 교회가 '원칙적이지만 당파적이지 않고, 예언자적이지만 정치화되지 않는' 균형을 실제로 이루기 위해 무엇이 필요할까요?

"우리 교회는 보수적인 교회입니다."
"저희는 진보적 가치를 중시하는 교회입니다."

이런 말들이 한국 교회에서 종종 들립니다. 그러나 '보수적 교회'나 '진보적 교회'라는 표현은 무엇을 의미할까요? 신학적 보수와 진보를 말하는 것인지, 정치적 보수와 진보를 말하는 것인지 모호합니다. 더 중요한 질문은, 교회가 정치적으로 '보수적'이거나 '진보적'이어야 한다는 것이 성경적으로 타당한지 여부입니다.

한국 사회는 극심한 정치적 양극화를 경험하고 있습니다. 진보와 보수의 대립은 단순한 정책 차이를 넘어 가치관과 세계관의 충돌로 확대되었고, 이는 교회 내부에도 깊이 침투해 있습니다. 이번 장에서는 한국의 정치 현실 속에서 교회와 그리스도인들이 직면한 딜레마를 살펴보고, 복음에 충실하면서도 건설적인 정치 참여의 길을 모색해 보겠습니다.

진보와 보수, 그리스도인은 어디에 설 것인가?

한국 사회의 정치적 양극화

한국 사회의 정치적 양극화는 심각한 수준에 이르렀습니다. 여러 연구에 따르면, 한국인들은 정치 성향에 따라 서로 다른 뉴스를 보고, 다른 사실을 믿으며, 심지어 서로 다른 역사관을 가지고 있습니다. 일부 조사에서는 결혼 상대자 선택에서도 정치 성향이 중요한 고려 사항이 되었음을 보여 줍니다.

2023년 한국행정연구원 조사에 따르면, 응답자의 92.6%가 '한국 사회의 정치적 양극화가 심각하다'고 답했으며, 또 다른 조사에 따르면, 74%가 '정치 견해가 다른 사람과 대화하는 것이 어렵다'고 응답했습니다.[11] 현대 사회학 연구에 따르면, 한국의 정치적 양극화는 단순히 정책 선호의 차이가 아니라 정체성의 정치(identity politics)로 발전했습니다. 즉, 정치 성향이 개인의 정체성과 소속감의 중요한 부분이 되었고, 이는 상대 진영에 대한 적대감과 불신을 심화시켰습니다.

이러한 양극화는 무엇보다 건강한 민주주의 작동을 어렵게 합니다. 상대 진영을 악마화하고 대화와 타협을 거부하는 태도는 사회 문제 해결을 위한 협력을 불가능하게 만듭니다. 정치학에서는 민주주의가 '사회적 자본' 즉, 시민들 간의 신뢰와 협력 네트워크에 의존한다고 보는데, 극단적 양극화는 이 사회적 자본을 심각하게 훼손합니다.

교회 내 정치 갈등

이러한 사회적 양극화는 교회 공동체 내에도 깊이 침투해 있습니다. 많은 목회자들이 "교회 내에서 성도들 간 정치 갈등을 경험한 적이 있다"고 말하고 있으며, 이러한 경험은 점점 증가하고 있습니다. 당연히 교회에서는 정치 얘기가 금기시되고 있고, 일부 교회에서는 성도들 간의 정치적 논쟁이 심각한 갈등으로 이어져 신자들이 교회를 떠나는 상황까지 발생하고 있습니다. 목회자들 중에는 특정 정치적 입장을 표명하지 않았음에도 불구하고, 설교가 정치적으로 해석되어 갈등이 발생한 사례도 있습니다.

정치적 양극화가 심해지면서 중립적인 발언조차도 특정 정치적 의도가 있는 것으로 해석되는 경향이 증가하고 있습니다. 더 심각한 경우에는 정치 성향에 따라 교회가 사실상 분리되기도 합니다. 일부 교회에서는 정치 성향이 다른 성도들 사이에서 갈등이 심화되어 집단적인 이탈과 새로운 공동체 형성으로 이어지기도 했습니다.

이런 갈등은 교회의 본질적 사명인 복음 전파와 제자 양육을 방해하고, 세상에 대한 교회의 증언을 약화시킵니다. 예수님은 "너희가 서로 사랑하면 이로써 모든 사람이 너희가 내 제자인 줄 알리라"(요 13:35)라고 말씀하셨는데, 정치 견해 차이로 분열된 교회는 이 증언을 훼손하게 됩니다.

무엇보다 이러한 분열은 교회의 공동체성을 약화시키고, 성도들 간의 깊은 교제와 상호 돌봄을 방해합니다. 사도 바울이 고린도전서 12장에서 강조했듯이, 교회는 다양한 지체들로 이루어진 하나의 몸으로 서로 돌보고 존중하며 함께 아파하고 기뻐해야 합니다. 그러나 정치적 양극화는 이러한 상호 의존성과 연대를 약화시킵니다.

그리스도인의 정치적 위치 설정

이런 상황에서 그리스도인은 어디에 서야 할까요? 정치 스펙트럼 상에서 그리스도인의 '올바른' 위치가 있을까요?

그리스도인의 정치적 다양성 인정

성경은 모든 그리스도인이 동일한 정치적 입장을 가져야 한다고 가르치지 않습니다. 사실, 예수님의 제자들 중에는 로마에 협력하는 세리 마태부터 로마에 저항하는 열심당원 시몬까지 다양한 정치 성향을 가진 사람들이 있었습니다.

신실한 그리스도인들은 동일한 성경적 원칙(생명 존중, 정의, 사랑, 평화 등)에 기반하면서도, 이 원칙들을 현실 정책에 적용하는 방식과 관련해서는 다른 결론에 도달할 수 있습니다. 가난한 자를 돕는 것이 성경적 명령임에는 모든 그리스도인이 동의합니다. 그러나 어떤 이는 직접적인 복지 프로그램을 통해, 어떤 이는 경제 성장과 일자리 창출을 통해 이 목표를 달성하려 합니다. 둘 다 성경적 가치에서 출발했지만 다른 정책적 결론에 도달한 것입니다.

존 스토트는 성경의 원칙들에서 정치적 프로그램으로 직접적인 도약을 할 수 없는데, 성경은 정치 강령을 직접 제공하지 않으며, 그리스도인들은 동일한 성경적 전제에서 출발하더라도 서로 다른 결론에 이를 수 있다고 설명합니다.

이념을 넘어선 '선(善)의 정치' 추구

그리스도인에게 중요한 것은 특정 이념에 충성하는 것이 아니라 하나님 나라의 가치가 구현되는 '선(善)의 정치'를 추구하는 것입니다. 이는 때로는 보수적 정책을, 때로는 진보적 정책을 지지할 수 있음을 의미합니다.

그리스도인은 '진보'나 '보수'라는 정치적 정체성보다 특정 이슈에 대한 성경적 원칙을 우선시해야 합니다. 예를 들어, 생명 존중의 원칙은 낙태 반대(전통적으로 보수적 입장)와 동시에 사형제 폐지와 환경 보호(전통적으로 진보적 입장)를 지지하게 할 수 있습니다.

론 사이더는 한 인터뷰에서 "복음은 진보든 보수든 어떤 정치적 이데올로기와도 완전히 일치하지 않는다"라고 주장합니다. 그는 성경적 가치에 충실한 그리스도인이라면 낙태 반대(전통적으로 보수적 입장)와 빈곤 퇴치와 경제적 정의(전통적으로 진보적 입장)를 동시에 추구해야 한다고 강조합니다.

정치적 겸손과 열린 마음

성경은 우리에게 겸손과 타인에 대한 존중을 가르칩니다(빌 2:3). 정치적 문제는 복잡하고 다면적이므로, 그리스도인은 자신의 정치적 판단이 제한적이고 불완전할 수 있음을 인정하는 겸손함이 필요합니다.

성도들에게 자신의 정치 견해를 성경과 동일시하지 말 것을 권합니다. 우리의 궁극적 충성은 어떤 정당이나 정치 이념이 아니라 그리스도께 있습니다. 우리는 다른 모든 영역에서와 마찬가지로 정치 영역에서도 겸손해야 합니다. 그리스도인도 정치적 문제에 대해 신념을 가질 수 있지만, 동시에 자신의 이해가 불완전하다는 것, 그리고 다른 신실한 그리스도인이 다른 결론에 도달할 수 있다는 것을 인정해야 합니다.

'반공주의 신앙'과 '정의의 신앙'은 과연 성경적인가?

한국 교회의 정치 갈등을 이해하기 위해서는 역사적 맥락을 살펴볼 필요가 있습니다. 특히 주목할 만한 두 가지 흐름은 보수 교회의 '반공주의 신앙'과 진보 교회의 '정의의 신앙'입니다.

반공주의 신앙의 역사적 맥락

한국 보수 교회의 강한 반공주의 성향은 역사적 경험에서 비롯됩니다. 1930-40년대 소련과 중국에서 그리스도인들이 공산주의 정권의 박해를 받았고, 한국 전쟁 중에도 많은 그리스도인들이 북한 공산주의 정권에게 박해를 받았습니다. 특히 월남 그리스도인들은 이러한 박해의 직접적인 경험자였습니다.

이러한 역사적 경험은 한국 보수 교회에서 반공주의가 단순히 정치적 입장이 아니라 신앙의 핵심 요소로 자리 잡게 했습니다. 일부 교회에서는 공산주의를 단순한 정치 이념이 아니라 '악마적 이념'으로 규정하고, 반공을 기독교 신앙의 본질적 요소로 간주했습니다.

중요한 점은 한국 보수 교회의 반공주의가 단순히 서구 냉전 이데올로기의 수입이 아니라 실제적인 박해와 고통의 경험에서 비롯되었다는 것입니다. 한국 전쟁 당시 북한 공산주의 정권에 의해 순교한 목회자들과 성도들의 이야기는 보수 교회의 집단 기억으로 깊이 남아 있습니다.

많은 한국 보수 교회들에게 반공주의는 단순히 정치적 입장이 아니라 '하나님께서 우리에게 원하시는 것'이었습니다. 이런 인식은 국가 안보 이슈에 대한 무조건적 지지, 북한에 대한 일방적 적대감, 그리고 진보적 정치 세력에 대한 깊은 불신으로 이어졌습니다. 한국 교회의 반공주의는 단순히 정치 이데올로기가 아니라 종교적 신념과 결합된 '종교적 반공주의'의 성격을 띠었습니다. 공산주의는 '사탄의 이념'으로 규정되었으며, 반공은 신앙적 의무로 간주되었습니다.

정의의 신앙의 역사적 맥락

한편, 1970-80년대 민주화 운동 시기에 일부 교회와 기독교 단체들은 군사 독재에 저항하는 '정의의 신앙'을 발전시켰습니다. 이들은 예언자적 전통과 해방 신학의 영향을 받아 구조적 불의에 대한 저항을 신앙의 핵심적 표현으로 받아들였습니다.

이 '정의의 신앙'은 단순히 정치 활동이 아니라 복음의 본질적 메시지로 이해되었습니다. 진보적 그리스도인들은 예수님의 가르침과 사역이 사회적 약자와 소외된 자들을 위한 정의와 해방의 메시지를 담고 있다고 강조했습니다.

당시 민주화 운동에 참여했던 많은 그리스도인들은 예수님께서 선포하신 하나님 나라가 정의와 평화의 나라임을 강조하며, 이 땅에서 그 가치를 실현하는 것이 신앙의 핵심이라고 주장했습니다. 특히 민중 신학은 예수님을 '고난 받는 민중과 함께하시는 분'으로 이해하며, 사회적 약자들의 해방을 위한 투쟁을 신앙의 중요한 표현으로 보았습니다.

민주화 운동에 참여한 그리스도인들에게 정의 추구는 신앙의 필수적 표현이었습니다. 그들은 예수님께서 선포하신 '하나님 나라'가 단지 내세의 천국이 아니라 이 땅에서의 정의와 평화의 실현을 의미한다고 이해했습니다.

한국의 민중 신학은 '예수님은 억압받는 민중들 사이에서 그들과 함께 고난을 나누셨다. 따라서 오늘날 교회가 예수를 따른다는 것은 현대 사회의 억압받는 민중들과 연대하며 그들의 해방을 위해 투쟁하는 것을 의미한다'는 관점을 제시했습니다.

두 접근의 성경적 평가

'반공주의 신앙'과 '정의의 신앙' 모두 성경적 관심사에서 출발했지만, 두 흐름은 모두 성경의 균형 잡힌 메시지를 부분적으로만 반영하는 한계가 있습니다.

반공주의 신앙의 강점과 한계

강점: 반공주의 신앙은 기독교 신앙과 무신론적 이데올로기 사이의 근본적 차이를 인식하고, 신앙의 자유와 인권이 침해받는 상황에 민감하게 반응했습니다. 예수님께서도 "진리가 너희를 자유케 하리라"(요 8:32)라고 가르치셨으며, 사도 바울은 "주의 영이 계신 곳에 자유가 있느니라"(고후 3:17)라고 선언했습니다.

한계: 그러나 이것이 지나치게 강조되면 예수님의 원수 사랑 명령과 화해의 메시지가 약화되고, 복음이 특정 정치 이념과 동일시될 위험이 있습니다. 또한 북한 주민들에 대한 선교적, 인도주의적 관심보다 적대적 태도가 우선시될 수 있습니다.

예수님은 "원수를 사랑하며 너희를 박해하는 자를 위하여 기도하라"(마 5:44)라고 가르치셨고, 사도 바울은 "할 수 있거든 너희로서는 모든 사람과 더불어 화목하라"(롬 12:18)라고 권면했습니다. 이러한 가르침은 반공주의가 단순히 이념적 대립을 넘어 화해와 화평의 가능성을 항상 열어 두어야 함을 시사합니다.

반공주의가 신앙의 본질로 간주될 때, 우리는 정치적 입장이 다른 그리스도인들을 '덜 신실한 신자'로 판단하는 오류를 범할 수 있습니다. 또한 북한 주민들을 복음의 대상이 아니라 '적'으로만 보게 되는 문제가 생깁니다.

미로슬라브 볼프는 『배제와 포용』에서 '적대적인 세계에서의 화해'의 중요성을 강조하며, 기독교 신앙이 정치적 대립을 넘어서는 화해의 비전을 제시해야 한다고 주장합니다.

정의의 신앙의 강점과 한계

강점: 정의의 신앙은 성경의 사회적 정의에 대한 강조를 회복하고, 하나님 나라의 포괄적 비전을 제시했습니다. 또한 기독교 신앙의 공적 책임과 예언자적 역할을 강조했습니다. 구약의 선지자들과 예수님 모두 사회적 정의와 약자 보호에 대한 강한 메시지를 전했습니다 (암 5:24; 사 1:17; 눅 4:18-19).

한계: 그러나 이것이 지나치게 강조되면 사회 변혁이 복음의 본질로 여겨질 위험이 있고, 개인의 영적 변화와 죄 문제가 경시될 수 있습니다. 또한 특정 정치 이념이나 프로그램이 '하나님의 뜻'과 동일시될 위험이 있습니다.

예수님은 "사람이 온 천하를 얻고도 제 목숨을 잃으면 무엇이 유익하리요"(막 8:36)라고 물으셨고, 사도 바울은 "그리스도 예수 안에 있는 속량으로 말미암아 하나님의 은혜로 값없이 의롭다 하심을 얻은 자 되었느니라"(롬 3:24)라고 선언했습니다. 이러한 가르침은 사회 정의 추구가 중요하지만, 인간의 죄와 구원의 문제가 더욱 근본적임을 상기시킵니다.

정의 추구가 신앙의 유일한 표현으로 간주될 때, 우리는 복음의 초월적 차원을 잃어버리고, 신앙 활동이 단순한 정치 운동으로 전락할 위험이 있습니다. 또한 사회 개혁을 위해 모든 수단이 정당화되는 위험한 생각으로 이어질 수 있습니다.

리처드 마우는 하나님의 나라는 우리가 알고 있는 모든 정치 체제를 초월하며, 동시에 도전하고, 그것은 모든 인간의 정치적 범주보다 더 보수적이면서도 더 급진적이라고 주장하며, 복음이 모든 인간의 정치적 프로그램을 초월하는 독특한 비전을 제시한다고 설명합니다.[12]

균형 잡힌 접근의 필요성

성경은 개인의 영적 구원과 사회적 정의, 죄로부터의 해방과 억압으로부터의 해방, 하나님을 향한 사랑과 이웃을 향한 사랑이 모두 중요함을 가르칩니다. 복음은 이런 다양한 차원을 포괄하는 총체적 메시지입니다.

우리는 성경의 총체적 메시지를 회복해야 합니다. 반공주의와 정의 추구 모두 성경적 관심사에서 출발했지만, 어느 하나도 복음의 전체 메시지를 담지는 못합니다. 우리는 개인의 영적 변화와 사회 정의, 내적 경건과 외적 행동, 영원한 구원과 현세적 번영이 균형을 이루는 신앙을 추구해야 합니다.

보수, 진보보다 복음이 우선이라는 말의 실제 의미

"우리에게는 보수나 진보가 아니라 복음이 우선입니다."

이 말은 많은 교회와 그리스도인들이 즐겨 사용하는 표현입니다. 그러나 이 말의 실제적인 의미는 무엇일까요? 어떻게 이 원칙을 구체적인 현실에 적용할 수 있을까요?

복음의 우선성이란

복음의 우선성은 다음과 같은 의미를 갖습니다.

정치적 충성보다 높은 충성

그리스도인의 궁극적 충성은 어떤 정당이나 정치 지도자가 아니라 그리스도께 있습니다. 정치적 이익이나 승리보다 하나님 나라의 가치가 우선합니다.

성경적 원칙에 기반한 판단

정치 이슈를 평가할 때 세속적 이념이 아니라 성경적 원칙(정의, 생명 존중, 약자 보호, 화해와 평화 등)이 판단의 기준이 됩니다.

그리스도 안에서의 일치

정치 견해 차이에도 불구하고, 그리스도 안에서의 일치를 우선시합니다. 정치적 동지애보다 영적 형제자매 관계가 더 중요합니다.

이념적 환원주의 거부

복음을 특정 정치 이념이나 프로그램으로 축소하는 것을 거부합니다. 복음은 모든 세속 이념보다 더 포괄적이고 근본적입니다.

복음이 우선이라는 것은 우리가 정치에 무관심해야 한다는 뜻이 아닙니다. 오히려 우리의 정치 참여가 더 깊은 원칙, 곧 그리스도의 주권과 이웃 사랑에 근거해야 한다는 의미입니다. 우리는 정당이나 이념을 우상화하지 않으면서, 공동선을 위해 지혜롭게 참여해야 합니다.

복음 우선의 결과, 창조적 정치 참여

복음이 우선시될 때, 그리스도인의 정치 참여는 진보와 보수의 이분법을 넘어 더 창조적이고 건설적인 형태를 취할 수 있습니다. 복음 중심적 접근은 우리를 정치적 진영 논리에서 해방시켜 더 창의적이고 원칙 중심적인 참여를 가능하게 합니다. 예를 들어, 낙태 문제에서 우리는 '프로라이프'(pro-life)의 가치를 단지 낙태 반대를 넘어 포괄적으로 이해하여, 미혼모 지원, 입양 활성화, 아동 복지 등 '생명의 문화'를 총체적으로 증진시키는 방향으로 접근할 수 있습니다.

이러한 접근법은 흔히 진보와 보수로 양분되는 사회적 논쟁에서 제3의 길을 제시하며, 더 풍부하고 건설적인 대화를 가능하게 합니다. 이는 또한 그리스도인의 정치 참여가 단순한 편 가르기나 권력 투쟁이 아니라 공동선을 위한 봉사가 되게 합니다.

여기서 중요한 것은 그리스도인의 정치 참여가 단순히 세속적 이념의 복제가 아니라 복음의 가치를 공적 영역에 증언하는 것이 되어야 한다는 점입니다. 그리스도인들은 이념적 경계를 초월하여 생명 존중, 인간 존엄성, 정의, 화해, 자비와 같은 성경적 가치를 사회에 구현하기 위해 노력해야 합니다.

복음 우선의 정치 참여 지침

한국의 양극화된 정치 현실 속에서 그리스도인들이 복음에 충실하면서도 건설적으로 정치에 참여할 수 있는 지침을 제안한다면 다음과 같습니다.

정보 소비의 다양화

확증 편향을 극복하기 위해 다양한 정보원을 접하는 것이 중요합니다. 자신의 정치 견해와 다른 미디어도 의도적으로 접하고, 다양한 관점을 이해하려고 노력해야 합니다. 현대인들은 자신의 정치 성향과 일치하는 뉴스만 소비하는 정보 거품(filter bubble)속에 살고 있습니다. 그리스도인은 이러한 편향을 인식하고, 의도적으로 다양한 관점을 접해야 합니다. 이것이 분별력 있는 정치 참여의 첫 걸음입니다.

이는 성경의 "범사에 헤아려 좋은 것을 취하라"(살전 5:21)라는 가르침과도 일치합니다. 그리스도인은 특정 정치 진영의 주장을 무비판적으로 수용하기보다는 다양한 관점을 비교 검토하고 성경적 원칙에 비추어 분별하는 태도를 갖추어야 합니다.

사실과 의견의 구분

정치적 담론에서 사실과 의견을 명확히 구분하는 능력은 필수적입니다. 또한 허위 정보와 가짜 뉴스를 식별하는 미디어 리터러시도 중요합니다. 그리스도인은 진리를 추구하는 사람으로서, 정치적 담론에서도 사실에 기반한 판단을 해야 합니다. 이를 위해 주장의 근거를 확인하고, 다양한 출처를 교차 검증하며, 감정적 반응보다 비판적 사고를 우선시해야 합니다.

예수님은 "진리가 너희를 자유롭게 하리라"(요 8:32)라고 말씀하셨습니다. 정치적 논쟁에서도 감정이나 이념보다 진리와 사실을 우선시하는 태도가 필요합니다. 이는 정치적 양극화가 심화된 사회에서 그리스도인이 보여 줄 수 있는 중요한 증언입니다.

정치적 겸손의 실천

복잡한 정치 이슈에 대해 자신의 판단이 제한적이고 오류 가능성이 있음을 인정하는 겸손이 필요합니다. 이는 다른 견해에 대한 열린 태도와 배움의 자세로 이어집니다. 정치적 겸손은 나의 견해가 완벽하지 않으며 다른 사람으로부터 배울 것이 있다는 인식에서 시작됩니다.

이것은 약함의 표시가 아니라 하나님 앞에서의 올바른 자세입니다.

"너희가 서로 사랑하면 이로써 모든 사람이 너희가 내 제자인 줄 알리라"(요 13:35)라는 예수님의 말씀은 정치적 논쟁에서도 적용되어야 합니다. 성경은 '네가 지혜를 얻었을지라도 스스로 지혜롭게 여기지 말라'(잠 3:7)고 가르칩니다. 정치적 문제의 복잡성을 인정하고 자신의 한계를 겸손히 수용하는 태도는 양극화된 사회에서 대화와 협력의 가능성을 열어 줍니다.

대화의 기술 개발

정치 견해가 다른 사람들과 건설적인 대화를 나누는 기술을 개발하는 것이 중요합니다. 이는 적극적 경청, 공감, 비폭력 대화 등의 능력을 포함합니다. 정치적 대화에서 핵심은 '이기는 것'이 아니라 '이해하는 것'입니다. 상대방의 말을 진정으로 듣고, 그들의 관점과 가치를 존중하며, 공통점을 찾으려는 노력이 필요합니다. 그리스도인은 이러한 대화의 문화를 선도해야 합니다.

사도 야고보는 "듣기는 속히 하고 말하기는 더디 하며 성내기도 더디 하라"(약 1:19)라고 권면합니다. 이런 태도는 정치적 대화에서 특히 중요합니다. 상대의 말을 진정으로 이해하려는 노력 없이는 건설적인 대화가 불가능합니다.

공동선 지향적 참여

개인이나 집단의 이익이 아니라 사회 전체의 공동선을 위한 정치 참여가 중요합니다. 이는 특히 약자와 소외된 이들의 필요를 고려하는 것을 포함합니다. 그리스도인의 정치 참여는 '내게 유리한 것'이 아니라 '공동체에 선한 것'을 추구해야 합니다. 예수님은 항상 사회적 약자와 소외된 자들에게 특별한 관심을 보이셨습니다. 우리의 정치적 판단과 행동도 이러한 관점에서 이루어져야 합니다.

사도 바울은 "각각 자기 일을 돌볼뿐더러 또한 각각 다른 사람들의 일을 돌보아 나의 기쁨을 충만하게 하라"(빌 2:4)라고 권면했습니다. 이는 그리스도인의 정치 참여가 협소한 자기 이익이 아니라 타인과 공동체의 복지를 고려해야 함을 시사합니다.

기도와 영적 분별

정치적 판단에서도 기도와 영적 분별이 중요합니다. 하나님의 지혜를 구하고, 성령의 인도하심에 민감하게 반응하는 것이 필요합니다. 중요한 정치적 결정을 앞두고 기도하는 것이 중요합니다. '하나님, 이것이 당신의 뜻에 부합합니까? 이것이 이웃 사랑의 실천입니까?' 이러한 영적 분별은 세속적 정치 논리를 넘어서는 지혜를 제공합니다.

지혜자는 "너는 마음을 다하여 여호와를 신뢰하고 네 명철을 의지하지 말라"(잠 3:5)라고 가르칩니다. 정치적 판단에서도 우리 자신의 지혜나 세상의 통념보다 하나님의 인도하심을 구하는 태도가 필요합니다.

화해와 회복을 위한 교회의 역할

정치적으로 양극화된 한국 사회에서 교회는 화해와 회복의 공동체로 중요한 역할을 할 수 있습니다.

안전한 대화의 공간 창출

교회는 다양한 정치 견해를 가진 사람들이 서로 존중하며 대화할 수 있는 안전한 공간을 제공할 수 있습니다. 이는 정치적 차이를 넘어 서로를 인격체로 만나고 이해하는 기회가 됩니다. 처음에는 어색할 수 있지만, 시간이 지나면서 참가자들은 '정치적 반대자'가 아니라 '같은 교회의 형제자매'로서 서로를 보기 시작합니다.

이러한 대화 공간은 "오직 사랑 안에서 참된 것을 하여 범사에 그에게까지 자랄지라"(엡 4:15)라는 사도 바울의 가르침을 실천하는 장이 될 수 있습니다. 정치적 차이에도 불구하고 서로를 존중하며 진리를 함께 추구하는 태도는 그리스도 안에서 성숙해지는 과정의 일부입니다.

공동의 섬김을 통한 일치

때로는 추상적인 대화보다 구체적인 공동 행동이 더 효과적인 화해의 도구가 될 수 있습니다. 정치 견해가 다른 그리스도인들이 함께 지역 사회를 섬기는 경험은 그들 사이의 장벽을 허물 수 있습니다.

예컨대, 정치 성향이 다양한 성도들로 구성된 '지역 섬김 팀'을 조직하여 지역의 노숙자 지원, 환경 정화, 독거노인 방문 등의 활동을 함께합니다. 함께 땀을 흘리며 섬길 때, 정치적 차이는 덜 중요해집니다. 성도들은 서로의 인간적인 면을 보게 되고, 공통의 목표를 위해 협력하는 경험을 통해 더 깊은 연대감을 형성할 수 있습니다. 이는 "이제 인내와 위로의 하나님이 너희로 그리스도 예수를 본받아 서로 뜻이 같게 하여 주사 한마음과 한 입으로 하나님 곧 우리 주 예수 그리스도의 아버지께 영광을 돌리게 하려 하노라"(롬 15:5-6)는 말씀을 실현하는 방법이 될 수 있습니다.

정치를 넘어선 정체성 강조

교회는 그리스도인으로서의 정체성이 정치적 소속감보다 더 근본적임을 강조할 수 있습니다. 우리의 궁극적 정체성은 진보나 보수가 아니라 그리스도의 제자라는 점을 상기시키는 것이 중요합니다.

현대 사회에서 정치적 정체성은 거의 종교적 차원의 중요성을 얻게 되었습니다. 교회의 역할은 이런 우상화된 정체성을 상대화하고, 그리스도 안에서의 정체성이 가장 근본적임을 상기시키는 것입니다. 우리가 먼저 하나님의 자녀, 그리스도의 제자라는 정체성을 붙들 때, 정치적 차이는 분열의 원인이 아닌 다양성의 표현이 될 수 있습니다.

사도 바울은 "너희는 유대인이나 헬라인이나 종이나 자유인이나 남자나 여자나 다 그리스도 예수 안에서 하나이니라"(갈 3:28)라고 선언합니다. 이 말씀은 오늘날 '너희는 진보나 보수나 다 그리스도 예수 안에서 하나이니라'로 확장될 수 있습니다. 그리스도 안에서의 일치는 정치적, 사회적, 문화적 차이를 초월합니다.

그리스도인의 올바른 정치 참여를 향하여

한국의 극단적 정치 양극화 속에서 교회와 그리스도인들은 중요한 선택의 기로에 서 있습니다. 세속적 정치 논리에 휩쓸려 교회가 또 하나의 정치 진영으로 전락할 것인지, 아니면 복음의 가치를 중심으로 새로운 대안적 정치 참여의 모델을 제시할 것인지의 선택입니다. 그리스도인의 정치 참여에 대한 핵심 원칙을 다시 한 번 다음과 같이 반복 강조합니다.

복음의 우선성

우리의 궁극적 충성은 어떤 정당이나 정치 이념이 아니라 그리스도께 있습니다. 정치적 이익이나 승리보다 하나님 나라의 가치가 우선합니다.

원칙 중심의 접근

정치 이슈를 평가할 때 세속적 이념이 아니라 성경적 원칙(정의, 생명 존중, 약자 보호, 화해와 평화 등)이 판단의 기준이 됩니다.

정치적 다양성의 인정

동일한 성경적 원칙에서 출발하더라도 그리스도인들은 구체적인 정책 적용과 관련하여 다양한 견해를 가질 수 있습니다. 이러한 다양성은 문제가 아니라 풍성함의 원천입니다.

대화와 존중의 문화

정치 견해가 다른 그리스도인들과도 상호 존중과 열린 대화를 통해 함께 성장하고 진리를 추구합니다.

화해와 연합의 증언

정치적 차이에도 불구하고 그리스도 안에서 하나 됨을 실천함으로써 분열된 사회에 화해와 연합의 메시지를 전합니다.

한국 교회가 이러한 원칙을 실천한다면, 정치적 양극화로 고통받는 사회에 복음의 변혁적 능력을 보여 주는 중요한 증인이 될 수 있을 것입니다.

나눔을 위한 질문

1) '정치적으로 보수적인 교회' 또는 '정치적으로 진보적인 교회'라는 말을 들을 때 어떤 느낌이 드나요?

2) 그리스도인이 정치적으로 다양한 견해를 갖는 것은 왜 자연스러운 일일까요?

3) '반공주의 신앙'과 '정의의 신앙'이 각각 가지는 장점과 한계는 무엇이라 생각하나요?

4) '복음이 우선이다'라는 말은 나에게 어떤 의미인가요? 실제로 그렇게 살아가고 있다고 느끼나요?

5) 정치적 대화에서 내가 주의해야 할 태도나 습관은 무엇이라 생각하나요?

6) 지금 우리 교회는 정치적으로 다양한 성도들이 안전하게 함께할 수 있는 공동체라고 느껴지나요?

7) 내가 실천할 수 있는 '복음 중심의 정치 참여'는 어떤 모습일까요?

"그리스도인은 투표해야 하는가?"

이 질문은 단순해 보이지만, 깊이 생각해 볼수록 신앙과 시민적 책임 사이의 복잡한 관계를 드러냅니다. 현대 민주주의 사회에서 그리스도인의 정치 참여, 특히 투표는 단순히 시민적 행위를 넘어 신앙적 행위로서의 의미를 가집니다. 이번 장에서는 그리스도인이 왜 투표해야 하는지, 투표 시 어떤 원칙을 고려해야 하는지, 그리고 정치적 양극화 시대에 어떻게 분별력 있는 투표를 할 수 있는지 탐구해보고자 합니다.

투표는 신앙의 행위가 될 수 있을까?

두 왕국 이론과 시민권의 의무

루터와 칼뱅이 발전시킨 '두 왕국 이론'은 그리스도인의 투표 참여에 중요한 신학적 근거를 제공합니다. 이에 따르면, 그리스도인은 동시에 두 왕국, 곧 하나님의 영적 왕국과 세속적 왕국의 시민으로 살아갑니다. 두 왕국 모두 하나님의 주권 아래 있으며, 세속 왕국도 하나님께서 세우신 질서로서 존중받아야 합니다. 사도 바울은 "권세는 하나님으로부터 나지 않음이 없나니 모든 권세는 다 하나님께서 정하신 바라"(롬 13:1)라고 말합니다. 이는 세속 정부가 하나님께서 세우신 기관이며, 그리스도인이 세속 시민으로서 이곳에 참여할 책임이 있음을 의미합니다.

민주주의 체제에서 투표는 이러한 세속 왕국의 올바른 운영에 참여하는 핵심적인 방법입니다. 사도 바울은 로마 시민권을 적극적으로 활용했습니다(행 16:37-39; 22:25-29). 이는 그리스도인이 세상에서의 시민적 권리와 책임을 행사해야 함을 보여 줍니다.

청지기로서의 투표

성경은 그리스도인이 하나님으로부터 받은 모든 것, 즉 시간, 재능, 자원, 기회 등의 청지기로 부름받았다고 가르칩니다(고전 4:2; 벧전 4:10). 민주주의 사회에서 투표권은 하나님께서 주신 중요한 자원이자 특권입니다. 투표는 청지기 책임의 일환입니다. 하나님께서 민주주의 사회에 사는 시민들에게 허락하신 투표권은, 공동체의 미래에 영향을 미칠 수 있는 소중한 선물입니다. 이 선물을 활용하지 않는 것은 청지기 책임을 다하지 않는 것과 같습니다. 마태복음 25장의 달란트 비유는 하나님께서 맡기신 것을 활용해야 할 책임을 가르칩니다. 투표권도 마찬가지로, 그것을 행사하지 않는 것은 하나님께서 주신 기회와 책임을 방기하는 것일 수 있습니다.

이웃 사랑의 구체적 실천

예수님은 "네 이웃을 네 자신과 같이 사랑하라"(마 22:39)라는 계명을 주셨습니다. 투표는 이 이웃 사랑을 정치 영역에서 실천하는 방법입니다. 루터는 '그리스도인은 신앙으로 자유롭지만 이웃 사랑으로 종'이라고 가르쳤으며, 칼뱅은 '참된 신앙은 이웃을 향한 적극적 봉사로 드러나며, 공동체의 복지를 증진하는 것은 그리스도인의 사회적 소명'이라고 강조했습니다.

투표할 때 우리는 '이 후보나 정책이 나에게 어떤 혜택을 주는가'만이 아니라 '사회의 가장 취약한 구성원들에게 어떤 영향을 미칠 것인가'도 고려해야 합니다. 이것이 정치적 맥락에서의 이웃 사랑입니다.

예수님은 "너희가 여기 내 형제 중에 지극히 작은 자 하나에게 한 것이 곧 내게 한 것이니라"(마 25:40)라고 말씀하셨습니다. 이 관점에서 볼 때, 투표는 목소리가 잘 들리지 않는 사회적 약자들, 곧 빈곤층, 소수자, 이민자, 난민, 장애인, 노인, 어린이 등을 위한 결정에 참여하는 행위가 될 수 있습니다.

공동선 추구의 신앙적 의무

그리스도인은 단지 개인의 구원만이 아니라 공동체 전체의 번영과 복지에도 관심을 가져야 합니다. 하나님은 예레미야를 통해 "내가 너희를 사로잡혀 가게 한 그 성읍(바벨론)의 평안을 구하고 그를 위하여 여호와께 기도하라 이는 그 성읍이 평안함으로 너희도 평안할 것임이라"(렘 29:7)라고 말씀하십니다.

투표는 우리가 살고 있는 도시와 국가의 '샬롬'(평안)을 구하는 구체적인 방법입니다. 샬롬은 단순한 평화가 아니라 정의, 조화, 번영, 온전함을 포함하는 포괄적인 개념입니다. 투표를 통해 우리는 이러한 샬롬을 증진하는 리더십과 정책을 지지할 수 있습니다. 특히 정의(미 6:8), 약자 보호(사 1:17), 화해와 평화(마 5:9) 같은 성경적 가치를 반영하는 후보와 정책을 지원함으로써 하나님 나라의 가치가 현실 세계에 더 많이 반영되도록 기여할 수 있습니다.

변혁적 문화 참여의 수단

그리스도인은 세상으로부터 단절된 것이 아니라 세상 속에서 변혁적 영향력을 발휘하도록 부름받았습니다(마 5:13-16). 투표는 이러한 문화 변혁적 참여의 중요한 수단입니다. 그리스도인은 비판적 참여의 자세로 문화에 참여해야 합니다. 투표는 이러한 비판적 참여의 핵심적인 방법 중 하나입니다.

투표를 통해 그리스도인은 사회의 가치관과 방향성에 영향을 미칠 수 있습니다. 이는 단순히 권력 획득이나 기독교 가치의 강제적 실현이 아니라 정의, 자비, 평화, 생명 존중과 같은 성경적 가치가 공공 정책과 사회 구조에 더 많이 반영되도록 기여하는 것입니다.

분별력 있는 투표를 위한 원칙

성경적 가치에 기초한 평가

그리스도인의 투표는 세속적 이념이나 당파성에 기반하기보다 성경적 가치와 원칙에 근거해야 합니다. 다음과 같은 성경적 가치들을 고려할 수 있습니다.

생명의 존엄성

모든 인간이 하나님의 형상대로 창조되었다는 믿음(창 1:27)은 태아부터 노인까지, 모든 인간의 생명 존엄성을 인정하고 보호하는 정책에 관심을 기울이게 합니다.

정의와 공평

성경은 정의와 공평의 중요성을 강조합니다(미 6:8; 암 5:24). 이는 법 앞의 평등, 경제적 기회의 공정한 분배, 인종적·사회적 차별의 철폐 등과 관련이 있습니다.

약자 보호

성경은 과부, 고아, 이방인과 같은 취약 계층을 보호하고 돌보라고 반복적으로 가르칩니다(신 10:18; 약 1:27). 현대적 맥락에서 이는 빈곤층, 난민, 소수자 등을 위한 정책에 관심을 기울이는 것을 의미합니다.

가정과 공동체의 가치

성경은 가정의 중요성을 강조하고(엡 6:1-4), 건강한 공동체 관계를 지지합니다. 이는 가족 지원 정책, 지역 공동체 강화 등과 관련이 있습니다.

청지기 책임

하나님께서 창조하신 자연환경에 대한 책임(창 2:15)은 환경 정책과 지속 가능한 발전에 관심을 기울이게 합니다.

종교적 자유

신앙의 자유로운 실천에 대한 권리는 종교의 자유를 보장하는 정책에 관심을 기울이게 합니다.

선거 전에 후보자와 정당 정책을 이러한 성경적 가치에 비추어 평가하는 시간을 가지는 것이 중요합니다. 어떤 후보도 모든 성경적 가치를 완벽하게 대표하지는 않을 것이므로 신중한 분별과 기도가 필요합니다.

다양한 정보와 관점 수집

편향된 정보에 기반한 결정을 피하기 위해 다양한 출처에서 정보를 수집하고 다양한 관점을 고려하는 것이 중요합니다. 선거 정보를 얻을 때 하나의 정보원(특정 뉴스 채널, 소셜 미디어 그룹 등)에만 의존하는 것은 제한된 시각을 갖게 할 수 있습니다. 다양한 관점을 제공하는 여러 출처를 활용하여 균형 잡힌 시각을 갖도록 노력해야 합니다. 이것은 자신의 견해와 다른 관점도 경청하고 이해하려는 노력을 포함합니다. 상대방의 주장에서 가치 있는 점을 찾고, 복잡한 이슈에 대한 다면적 이해를 추구하는 것은 지혜로운 판단을 위해 필수적입니다.

개인 성향과 정치적 태도 인식

우리 모두는 특정한 정치 성향과 편향을 가지고 있습니다. 자신의 성향이 투표 결정에 어떤 영향을 미치는지 인식하는 것이 중요합니다. 우리의 정치적 선호는 종종 사회화, 가족 배경, 개인적 경험 등에 따라 형성됩니다. 이러한 요소들이 우리의 판단에 어떤 영향을 미치는지 인식하고, 성경적 원칙에 따라 그것들을 검토하는 과정이 필요합니다. 자신의 편향을 인식하고 그것을 초월하려는 노력은, 더 객관적이고 성경에 기반한 판단을 내리는 데 도움이 됩니다.

단일 이슈를 넘어선 종합적 평가

많은 그리스도인들이 하나 또는 소수의 이슈(예를 들어 낙태, 동성 결혼 등)만을 기준으로 투표하는 경향이 있습니다. 이러한 접근은 중요한 도덕적 관심사를 반영할 수 있지만, 다른 중요한 성경적 가치들을 간과할 위험이 있습니다. 단일 이슈 투표는 때로 필요할 수 있지만, 가능하다면 후보자와 정당 정책을 다양한 성경적 가치와 원칙에 비추어 종합적으로 평가하는 것이 바람직합니다. 이는 생명 윤리, 사회 정의, 환경 보호, 가정 정책, 종교적 자유 등 다양한 영역을 고려하는 것을 의미합니다. 완벽한 후보는 없지만, 가능한 한 많은 성경적 가치를 반영하는 후보를 지지하는 것이 중요합니다.

기도와 영적 분별

투표는 단순한 정치적 행위가 아니라 영적 결정이기도 합니다. 따라서 기도와 영적 분별이 투표 과정에서 필수적인 부분이 되어야 합니다. 선거 기간 동안 개인적으로, 그리고 교회 공동체와 함께 기도하는 시간을 갖는 것이 중요합니다. 이 기도는 특정 후보의 승리를 위한 것이 아니라 하나님의 지혜와 분별력을 구하고 지도자들과 국가를 위한 중보 기도여야 합니다.

사도 바울은 "내가 기도하노라 너희 사랑을 지식과 모든 총명으로 점점 더 풍성하게 하사 너희로 지극히 선한 것을 분별하며"(빌 1:9-10)라고 말합니다. 이 구절은 투표와 관련한 분별에도 적용될 수 있는 중요한 원칙을 제시합니다.

투표에서 경계해야 할 위험들

정치의 우상화

그리스도인이 투표와 관련하여 가장 경계해야 할 위험 중 하나는 정치를 우상화하는 것입니다. 이는 정치적 승리나 특정 정당, 특정 지도자에게 지나친 희망과 의미를 부여하는 것을 의미합니다.

우리는 종종 정치적 변화가 사회의 모든 문제를 해결할 수 있다고 착각합니다. 그러나 어떤 정치인이나 정당도 하나님 나라의 완전한 정의와 평화를 실현할 수 없습니다. 그리스도인의 궁극적 소망은 정치가 아니라 하나님께 있어야 합니다.

"너는 나 외에는 다른 신들을 네게 두지 말라"(출 20:3)라는 계명은 정치적 맥락에서도 적용됩니다. 정치 지도자나 이념에 지나친 충성을 바치는 것은 영적 우상 숭배의 한 형태가 될 수 있습니다.

당파성과 분열

현대 정치의 양극화는 그리스도인 공동체 내에서도 깊은 분열을 초래할 수 있습니다. 정치적 의견 차이가 교회의 일치와 형제애를 훼손하는 것을 경계해야 합니다. 그리스도 안에서 우리의 공통된 정체성은 정치적 차이보다 더 깊고 중요합니다. 다른 정치 견해를 가진 형제자매를 존중하고, 정치적 차이에도 불구하고 그리스도 안에서의 일치를 유지하는 것이 중요합니다.

로마서 14장은 비본질적인 문제에 대한 견해 차이를 어떻게 다루어야 하는지에 대해 지혜를 제공합니다. 정치적 의견도 이러한 '약한 자와 강한 자' 사이의 문제로 볼 수 있으며, 서로를 판단하기보다 존중하는 자세가 필요합니다.

권력과 강제의 유혹

기독교 가치를 사회에 실현하려는 열망이 권력과 강제의 유혹으로 이어질 수 있습니다. 그러나 예수님은 섬김과 희생을 통한 리더십을 보여 주셨습니다. 그리스도인의 사회 참여는 권력 획득과 가치의 강제적 실현이 아니라 섬김과 대화를 통한 변화를 추구해야 합니다. 예수님은 "이방 사람들을 다스린다고 자처하는 사람들은, 백성들을 마구 내리누르고, 고관들은 백성들에게 세도를 부린다. 그러나 너희끼리는 그렇게 해서는 안 된다"(막 10:42-43, 새번역)라고 가르치셨습니다. 복음의 확산은 조율과 강제가 아니라 사랑의 설득과 모범을 통해 이루어져야 합니다. 이것은 투표권을 행사할 때도 명심해야 할 중요한 원칙입니다.

타협과 무관심

반대로 일부 그리스도인들은 정치가 '세속적'이거나 '더러운' 것이라고 여겨 무관심하거나 신앙적 가치를 지나치게 타협하는 오류를 범하기도 합니다. 그러나 정치 참여에서 타협과 무관심은 또 다른 극단입니다. 그리스도인은 '세상의 빛과 소금'으로서 정치적 과정에 건설적으로 참여하지만, 도덕적 타협 없이 진리를 위해 서야 합니다.

예레미야 29장 7절의 권면처럼, 그리스도인은 살고 있는 도시와 국가의 평안을 적극적으로 구해야 합니다. 이는 정치적 과정에 의미 있게 참여하면서도, 성경적 가치에 대한 헌신을 유지하는 균형 잡힌 접근을 의미합니다.

미국 사례 연구: 트럼프 시대 두 복음주의 목사의 투표

2020년 미국 대선에서 복음주의 그리스도인들의 투표 결정은 많은 논쟁을 불러일으켰습니다. 도널드 트럼프에 대한 지지 여부는 복음주의 지도자들 사이에서도 깊은 분열을 가져왔습니다. 여기서는 존 파이퍼 목사와 존 맥아더 목사의 상반된 입장을 살펴보며, 그리스도인의 투표 분별에 관한 중요한 교훈을 도출해 보겠습니다.

존 파이퍼 목사의 관점: 인격의 중요성

베들레헴 침례교회의 은퇴 목사이자 저명한 신학자인 존 파이퍼는 2020년 대선을 앞두고 '정책과 인격'(Policies and Persons)이라는 글을 통해 트럼프에 대한 지지 거부 입장을 밝혔습니다. 파이퍼 목사는 다음과 같은 주장을 펼쳤습니다.

인격적 결함의 위험성

파이퍼는 오만, 자만, 조롱, 악의적 발언, 거짓말, 성적 부도덕과 같은 인격적 결함이 단순히 개인적 문제가 아니라 국가적 영향을 미치는 '국가적 죄'라고 주장했습니다. 그는 이러한 인격적 결함이 낙태와 같은 특정 정책 이슈만큼이나 사회에 파괴적인 영향을 미칠 수 있다고 보았습니다.

도덕적 일관성의 중요성

파이퍼는 그리스도인들이 낙태 반대와 같은 한 가지 도덕적 이슈에만 집중하면서 인격과 관련된 다른 도덕적 문제들을 간과하는 것은 일관성이 없다고 지적했습니다.

복음의 신뢰성 문제

그는 도덕적으로 문제가 있는 지도자를 지지하는 것이 복음의 신뢰성을 손상시킬수 있다고 우려했습니다. 교회가 복음을 전파할 때, 비그리스도인들은 그리스도인들이 지지한 지도자의 행동을 보고 복음의 진정성을 판단할 수 있기 때문입니다.

파이퍼 목사는 결론적으로 "나는 트럼프나 바이든 모두에게 투표하지 않을 것"이라며, 대신 지역 선거에 집중할 것이라고 밝혔습니다.

존 맥아더 목사의 관점: 정책의 우선성

그레이스 커뮤니티 교회의 담임 목사이자 마스터스 신학 대학원의 총장인 존 맥아더는 파이퍼와는 다른 입장을 취했습니다. 맥아더 목사는 2020년 선거에서 트럼프 지지를 공개적으로 표명했습니다. 맥아더 목사의 주장은 다음과 같습니다.

성경적 정책의 중요성

맥아더는 특정 후보의 개인적 결함보다 그 후보가 추진하는 정책의 성경적 합치성이 더 중요하다고 보았습니다. 그는 낙태 반대, 종교적 자유 보호, 전통적 가정 가치 등 보수적 정책을 지지하는 후보에게 투표해야 한다고 주장했습니다.

차선의 선택

맥아더는 불완전한 선택지 사이에서 그리스도인은 '덜 나쁜' 옵션을 선택해야 한다고 주장했습니다. 그는 완벽한 후보는 없으므로, 가장 성경적인 정책을 지지하는 후보를 선택하는 것이 현실적인 접근이라고 보았습니다.

실용적 관점

맥아더는 정치가 이상적인 영역이 아니라 타협과 현실적 선택이 필요한 영역이라고 보았습니다. 그는 "우리는 천국이 아닌 지상에 살고 있으며, 현실 세계의 선택에 참여해야 한다"라고 주장했습니다.

맥아더 목사는 결론적으로 "기독교적 세계관에 가장 부합하는 정책을 지지하는 후보에게 투표하는 것이 그리스도인의 책임"이라고 강조했습니다.

두 관점의 분석과 교훈

파이퍼와 맥아더 목사의 상반된 접근은 그리스도인의 투표 결정이 얼마나 복잡하고 다차원적인 문제인지를 보여 줍니다. 두 관점을 분석해 보면 다음과 같은 교훈을 얻을 수 있습니다.

인격과 정책의 균형

그리스도인은 투표할 때 후보의 인격과 정책 모두를 고려해야 합니다. 인격은 리더십의 본질적 요소이며, 정책은 그 리더십의 실질적 영향을 결정합니다. 두 요소 중 하나만을 절대화하는 것은 균형 잡힌 접근이 아닙니다.

도덕적 일관성의 필요성

그리스도인은 일부 도덕적 이슈에만 집중하고 다른 이슈는 무시하는 선택적 도덕주의를 경계해야 합니다. 생명 윤리, 인격적 도덕성, 사회 정의, 가정 가치 등 다양한 성경적 가치를 균형 있게 고려해야 합니다.

신앙 공동체 내 다양성 존중

같은 성경을 읽고 같은 하나님을 믿는 그리스도인들 사이에서도 정치적 판단은 다를 수 있습니다. 이러한 차이를 존중하고, 정치 견해의 차이가 신앙 공동체의 일치를 해치지 않도록 주의해야 합니다.

복음의 우선성 유지

궁극적으로 그리스도인의 정체성은 정치적 소속보다 복음에 있습니다. 어떤 정치적 입장을 취하든, 복음의 증인으로서의 신뢰성과 진정성을 유지하는 것이 가장 중요합니다.

오늘의 한국에서 그리스도인은 어떻게 투표해야 할까?

지금까지 말한 교훈과 원칙을 한국의 정치 상황에 적용해 봅시다. 그리스도인의 투표에 관한 기본 원칙은 다음과 같습니다.

한국 교회의 특수성 인식

한국 교회는 역사적으로 보수 정치와 밀접한 관계를 맺어 왔습니다. 이러한 역사적 맥락을 인식하고, 특정 정당이나 이념에 대한 무비판적 지지를 경계하는 것이 중요합니다.

한국 교회는 과거 특정 정치 세력과의 지나친 밀착으로 말미암아 비판을 받은 역사가 있습니다. 그리스도인은 어떤 정당이나 이념에도 무조건적 충성을 바치지 않고, 성경적 가치에 비추어 모든 정치적 선택을 비판적으로 평가해야 합니다. 특히 반공주의와 안보 이슈가 기독교 신앙과 동일시되는 현상을 경계하고, 보다 포괄적인 성경적 관점에서 정치 참여를 모색할 필요가 있습니다.

정치적 양극화 속에서의 화해자 역할

한국 사회에서 정치적 양극화가 심화되고 있습니다. 이런 상황에서 그리스도인은 진영 논리에 갇히기보다 화해와 대화의 다리 역할을 할 수 있어야 합니다. 그리스도인은 화평케 하는 자로 부름받았습니다(마 5:9). 투표와 정치 참여 과정에서도 분열을 조장하기보다 서로 다른 입장 사이에서 대화와 이해를 촉진하는 역할을 해야 합니다. 이는 자신과 정치 견해가 다른 사람들의 관점을 경청하고, 공통의 가치를 찾으며, 차이점에 대해서는 존중하는 태도를 의미합니다.

지역 사회와 생활 정치에 대한 관심

대통령 선거와 같은 큰 선거에만 관심을 두기보다 지방 선거와 지역 이슈에도 적극적인 관심을 가지는 것이 중요합니다. 성경적 관점에서 '샬롬'은 추상적인 개념이 아니라 구체적인 지역 사회의 평화와 번영을 의미합니다. 그리스도인은 국가적 이슈뿐만 아니라 자신이 살고 있는 지역 사회의 필요와 문제에 대해서도 관심을 가지고 투표해야 합니다. 마태복음 25장의 '이웃 사랑'은 종종 가장 가까운 곳에서 시작됩니다. 지역 사회의 약자와 소외된 이들을 위한 정책에 관심을 기울이는 것은 이웃 사랑의 구체적 실천이 될 수 있습니다.

한국적 이슈와 성경적 원칙의 연결

한국 사회의 주요 이슈들, 즉 경제적 양극화, 저출산 고령화, 교육 문제, 남북 관계 등을 성경적 원칙에 비추어 생각해 보는 노력이 필요합니다. 예를 들어 경제 정의와 관련해서 성경의 희년 원리(레 25장)와 초대 교회의 나눔(행 4:32-35)은 경제적 불평등 해소와 약자 보호 정책을 지지하는 근거가 될 수 있습니다. 생명과 가정 관련해서 성경의 생명 존중 가르침(시 139:13-16)과 가정의 중요성(엡 5-6장)은 저출산 문제와 가족 지원 정책을 평가하는 기준이 될 수 있습니다. 평화와 화해 관련해서 예수님의 화해와 평화에 대한 가르침(마 5:9; 엡 2:14-18)은 남북 관계와 국제 관계 정책을 생각하는 데 중요한 원칙을 제공합니다.

교회의 정치적 중립성과 시민 교육의 균형

한국 교회는 조직적으로 특정 정당이나 후보에 대한 지지를 삼가면서도, 성도들이 책임 있는 시민으로서 정치에 참여할 수 있도록 교육하는 역할을 해야 합니다. 교회는 '누구에게 투표할지'를 지시하는 것이 아니라 '어떻게 투표할지', 즉 어떤 원칙과 가치에 기초하여 투표 결정을 내릴지에 대한 교육과 대화의 장을 제공해야 합니다.

이는 성경 공부, 토론회, 시민 교육 프로그램 등을 통해 이루어질 수 있습니다. 이때 다양한 정치 견해를 가진 성도들이 서로 존중하는 가운데 대화할 수 있는 환경을 조성하는 것이 중요합니다.

그리스도인 투표자를 위한 지침

선거 전 준비

정보 수집과 평가

후보자와 정당 정책, 가치관, 과거 이력 등에 대해 다양한 출처를 통해 정보를 수집하고 비판적으로 평가합니다.

성경적 기준 마련

자신에게 중요한 성경적 가치와 원칙이 무엇인지 미리 생각해 보고, 이를 기준으로 후보자와 정책을 평가할 수 있는 프레임워크를 마련합니다.

기도와 묵상

투표 결정을 위해 지혜와 분별력을 구하는 기도 시간을 갖습니다. 하나님의 인도하심을 구하고, 자신의 정치적 편향과 선호를 하나님 앞에서 점검합니다.

투표 결정 과정

종합적 평가

단일 이슈가 아니라 다양한 영역에서 후보자와 정당 정책을 평가합니다. 생명 윤리, 사회 정의, 가정 정책, 환경, 종교적 자유 등 여러 영역의 균형을 고려합니다.

차선의 선택 인정

완벽한 후보는 없다는 현실을 인정하고, 신중한 고려 끝에 '차선'의 선택을 할 수 있음을 받아들입니다. 때로는 '덜 해로운' 옵션을 선택하는 것이 현실적인 지혜가 될 수 있습니다.

양심의 자유 존중

다른 그리스도인들도 성실한 신앙의 고민 끝에 자신과 다른 정치적 선택을 할 수 있음을 인정하고 존중합니다. 정치 견해의 차이가 신앙의 진정성 차이로 오해되지 않도록 주의합니다.

투표 이후의 자세

선거 결과에 대한 균형 잡힌 반응

지지한 후보의 승리에 지나치게 기뻐하거나, 지지한 후보의 패배에 과도하게 낙담하지 않는 균형 잡힌 태도를 유지합니다. 궁극적인 소망은 어떤 정치인이나 정당이 아니라 하나님께 있음을 기억합니다.

당선자를 위한 기도

디모데전서 2장 1-2절의 가르침대로 선거로 선출된 모든 지도자를 위해 기도합니다. 자신이 지지하지 않은 후보가 당선되었더라도, 그들이 지혜롭게 통치하고 공동선을 위해 일할 수 있도록 기도합니다.

지속적인 시민 참여

선거일 이후에도 정치적 과정에 지속적으로 관심을 갖고 참여합니다. 선출된 대표자들에게 책임을 물으며, 교회와 시민 사회를 통해 공공선을 위한 활동을 이어 갑니다.

투표를 통한 소금과 빛의 역할

예수님은 제자들에게 "너희는 세상의 소금이니 … 너희는 세상의 빛이라"(마 5:13-14)라고 말씀하셨습니다. 이 가르침은 그리스도인의 투표와 정치 참여에도 중요한 지침이 됩니다.

소금으로서의 투표

소금은 부패를 방지하고 맛을 더합니다. 그리스도인의 투표는 정치적 과정의 부패를 방지하고, 공공 담론에 도덕적·영적 맛을 더하는 역할을 할 수 있습니다. 정치적 논의에서 정의, 진리, 공동선과 같은 가치를 강조함으로써 그리스도인은 단순히 권력 투쟁이나 이해

관계의 충돌을 넘어선 더 높은 차원의 정치 문화를 촉진할 수 있습니다. 이는 특히 투표 과정에서 시민으로서 정직과 성실함을 실천하고, 허위 정보나 극단적 주장에 휩쓸리지 않으며, 후보자와 정책을 도덕적·윤리적 기준으로 평가하는 것을 포함합니다.

빛으로서의 투표

빛은 어둠을 밝히고 방향을 제시합니다. 그리스도인의 투표는 사회의 어두운 부분을 드러내고, 더 나은 방향을 제시하는 역할을 할 수 있습니다. 그리스도인은 투표를 통해 사회적 약자와 소외된 이들의 필요에 빛을 비추고, 정의와 화해, 생명 존중, 창조 보전과 같은 성경적 가치에 기반한 대안적 비전을 제시할 수 있습니다. 이는 단순히 현상 유지나 개인적 이익을 위한 투표가 아니라 하나님 나라의 가치가 이 땅에 더 많이 반영되도록 하는 '변혁적 투표'를 의미합니다.

신실한 시민, 신실한 그리스도인

그리스도인의 투표는 시민으로서의 책임과 그리스도인으로서의 정체성이 만나는 접점입니다. 이 두 정체성 사이에 갈등이 있는 것처럼 보일 수 있지만, 궁극적으로 하나님 나라의 가치를 이 세상에서 실현하고자 하는 동일한 목표를 향하고 있습니다.

왕국의 이중 시민권

그리스도인은 이 세상의 국가와 하나님 나라 모두의 시민입니다. 이 '이중 시민권'은 갈등의 원천이 아니라 이 세상에서 하나님의 뜻을 구하며 살아가는 데 특별한 관점을 제공합니다. 우리는 '이 세상에 있지만 이 세상에 속하지 않은'(요 17:14-16) 존재로서 현실 정치에 참여하지만, 그것에 전적으로 동화되지 않는 독특한 위치에 있습니다. 이것이 우리에게 비판적 참여의 가능성을 열어 줍니다.

사도 바울은 "우리의 시민권은 하늘에 있는지라"(빌 3:10)라고 말하면서도, 로마 시민권을 적극적으로 활용했습니다. 이는 지상의 시민권도 하나님의 목적을 위해 사용될 수 있음을 보여 줍니다.

궁극적 충성의 대상

투표와 정치 참여에서 가장 중요한 것은 우리의 궁극적 충성이 어떤 정당이나 이념이 아니라 하나님께 있다는 사실을 기억하는 것입니다. 정치 참여가 중요하지만, 우리의 궁극적 희망은 선거 결과나 정치 체제에 있지 않습니다. 하나님의 주권과 그리스도의 최종적 승리에 대한 확신이 우리의 정치 참여에 균형과 겸손을 가져다줍니다.

이러한 관점은 정치적 승리에 대한 과도한 기대나 패배에 대한 절망에서 우리를 자유롭게 합니다. 우리는 정치적 과정에 참여하지만, 그것이 우상이 되지 않도록 주의해야 합니다.

소망 속의 책임

그리스도인의 투표는 궁극적으로 희망의 행위입니다. 우리는 이 세상이 완전하지 않음을 알지만, 그럼에도 불구하고 하나님의 선하신 뜻이 이 땅에 더 많이 실현되기를 바라는 마음으로 참여합니다. 우리는 '이미 그러나 아직'의 긴장 속에서 살아갑니다. 하나님 나라는 이미 시작되었지만, 아직 완성되지 않았습니다. 우리의 투표와 정치 참여는 이 '아직'의 시간 동안 하나님 나라의 가치를 이 세상에 심고 가꾸는 책임 있는 행동입니다. 예레미야 29장 7절의 말씀처럼, 우리는 살고 있는 도시의 평안을 구하고, 그것을 위해 기도하며, 그것을 위해 행동합니다. 투표는 그 행동의 중요한 부분입니다.

그리스도인의 투표는 단순히 시민적 의무를 넘어 하나님 나라의 가치를 이 세상에 반영하고자 하는 신실함의 표현이 될 수 있습니다. 그것은 소망 속에서의 책임 있는 행동이며, 세상의 빛과 소금으로 살아가라는 예수님의 부르심에 응답하는 구체적인 방법입니다. 세상의 빛과 소금이 된다는 것은, 투표하는 순간에도 그리스도의 가치와 성품을 반영함을 의미합니다. 그것은 진리와 정의, 자비와 평화를 추구하는 투표를 의미합니다. 비록 우리의 노력이 불완전하고 제한적일지라도, 우리는 신실하게 이 부르심에 응답합니다.

그리스도인으로서 우리는 정치적 과정에 참여하면서도, 우리의 궁극적 시민권과 충성이 어디에 있는지 항상 기억해야 합니다. 이러한 균형 잡힌 관점이 우리의 투표를 단순히 정치적 행위가 아니라 하나님 나라를 향한 신앙 여정의 일부로 만들어 줄 것입니다.

나눔을 위한 질문

1) 왜 투표가 단순히 시민의 권리를 넘어, 신앙의 행위가 될 수 있다고 보나요?

2) 두 왕국 이론은 그리스도인의 정치 참여와 투표에 대해 어떤 통찰을 제공한다고 생각하나요?

3) 투표를 '이웃 사랑의 실천'으로 이해한다면, 우리는 어떤 기준으로 후보를 평가해야 하나요?

4) 성경적 가치에 기반한 투표를 하기 위해, 어떤 원칙들이 중요하다고 생각하나요?

5) 그리스도인이 투표할 때 가장 경계해야 할 정치적 유혹은 무엇이라고 보나요?

6) 서로 다른 정치적 선택을 한 성도들과의 관계에서, 우리는 어떻게 신앙의 일치를 지켜야 할까요?

7) 하나님 나라 시민으로서, 우리는 투표 이후에도 어떤 자세를 지녀야 한다고 생각하나요?

"당신은 보수인가요, 진보인가요?"

이 질문은 오늘날 한국 사회에서 사람을 판단하는 가장 중요한 기준 중 하나가 되었습니다. 단순히 정치 성향을 묻는 질문을 넘어, 이제는 상대방의 인격과 가치관 전체를 규정하는 프레임으로 작용하고 있습니다. 이러한 이분법적 질문은 사회 전반에 퍼져 있으며, 안타깝게도 교회 안에서도 자주 등장합니다. 그러나 그리스도인에게 정치적 이념은 과연 최우선적 가치이자 정체성의 핵심이 되어야 할까요? 신앙의 본질과 복음의 가치에 비추어 볼 때, 이러한 정치적 분류는 어떤 의미를 가지고 있을까요?

이번 장에서는 정치 이념보다 더 근본적이고 중요한 가치들, 곧 양심, 사랑, 공동선을 심도 있게 탐구하고, 이러한 가치들이 다양한 정치 견해를 가진 그리스도인들 사이의 대화와 협력을 어떻게 가능하게 하는지 살펴보겠습니다. 정치적 차이를 초월하는 이러한 가치들은 오늘날 분열된 교회와 사회 속에서 새로운 연합과 화해의 가능성을 제시합니다.

나와 정치 성향이 다른 이웃을 어떻게 이해할 것인가?

정치적 양극화 시대의 도전

한국 사회는 그 어느 때보다 정치적으로 양극화되어 있습니다. 이념적 스펙트럼의 양 끝으로 사람들이 분리되면서, 중간 지대는 점점 사라지고 있습니다. 이러한 현상은 단순히 정치적 의견 차이를 넘어 사회 구성원 간의 심리적, 정서적 단절로 이어지고 있습니다. 사람들은 자신과 정치 견해가 다른 이들을 '이해할 수 없는 존재', 심지어 '적'으로 간주하는 경향이 있습니다. 상대방의 정치 견해를 알게 되면 그 사람의 인격, 가치관, 심지어 도덕성까지 판단하는 일이 흔해졌습니다.

많은 사람들이 자신과 정치 견해가 다른 사람과 깊은 대화를 나누기 어렵다고 느끼며, 상당수는 정치 견해가 다른 사람과는 친구가 되기 어렵다고 생각합니다. 이는 사회적 관계의 형성, 유지와 관련하여 정치 성향이 점점 더 결정적인 요소로 작용하고 있음을 보여 줍니다.

이러한 현상은 안타깝게도 교회 안에서도 뚜렷하게 발견됩니다. 같은 신앙을 고백하는 그리스도인들 사이에서도 다양한 정치 견해를 가진 신자들이 서로를 이해하지 못하고 갈등하는 경우가 많아졌습니다. 예배와 성경 공부에서는 하나 됨을 강조하면서도, 정치적 주제가 등장하면 분열되는 모습을 보이는 것입니다. 예컨대, 요즘 이렇게 말하는 교인들이 많습니다.

"교회 내에서도 정치 성향에 따라 교제의 벽이 생기는 것을 느낍니다. 보수 성향 신자들은 보수끼리, 진보 성향 신자들은 진보끼리 모이고, 서로에 대한 이해보다는 판단과 비판이 더 많습니다. 식사 자리에서 정치 이야기가 나오면 분위기가 경직되고, 때로는 감정적 대립으로 이어지기도 합니다."

이것이 과연 그리스도의 몸인 교회의 모습일까요? 우리가 정치 견해의 차이로 서로를 판단한다면, 세상에 화해와 사랑의 메시지를 어떻게 전할 수 있을까요? 그렇다면 정치 견해가 다른 교인을 이해하기 위해서는 어떻게 해야 할까요?

이해의 첫걸음, 관점 취하기(Perspective Taking)

정치 견해가 다른 이웃을 이해하기 위한 첫 단계는 '관점 취하기'입니다. 이는 상대방의 입장에서 세상을 바라보고, 그들이 왜 그런 신념을 갖게 되었는지를 이해하려는 의식적인 노력을 의미합니다. 자신의 관점에서 상대방을 판단하는 것이 아니라 상대방의 관점에서 사고하려고 시도하는 것입니다.

심리학 연구에 따르면, 사람들의 정치 성향은 단순히 이념적 선택이 아니라 기질, 성장 배경, 삶의 경험, 도덕적 직관 등 다양한 요소의 영향을 받습니다. 특히 심리학자 조너선 하이트는 보수와 진보가 서로 다른 도덕적 기반을 중시한다고 설명합니다. 이러한 도덕적 기반의 차이는 선천적 성향과 환경적 요인의 복잡한 상호 작용에서 비롯됩니다.

하이트의 연구에 따르면, 보수 성향의 사람들은 종종 전통과 권위에 대한 존중, 충성, 순결, 신성함 등의 가치를 중시하는 경향이 있습니다. 이러한 가치들은 안정적인 사회 질서와 공동체의 지속성을 유지하는 데 중요한 역할을 합니다. 반면, 진보 성향의 사람들은 보살핌과 해악 방지, 공정성과 정의 등의 가치를 더 중시하는 경향이 있습니다. 이러한 가치들은 사회적 약자 보호와 평등한 기회 제공에 초점을 맞춥니다.

이러한 심리학적 통찰은 정치 견해 차이를 단순히 '옳고 그름'의 문제가 아니라 서로 다른 도덕적 우선순위와 세계관의 차이로 이해할 수 있게 해 줍니다. 다시 말해, 정치 성향의 차이는 단순히 '옳고 그름'의 문제가 아니라 서로 다른 도덕적 직관과 가치 우선순위의 차이에서 비롯되는 경우가 많습니다. 보수는 안정과 전통의 가치를 통해 사회를 보호하려 하고, 진보는 변화와 평등을 통해 사회를 개선하려 합니다. 둘 다 궁극적으로는 더 나은 사회를 추구한다는 점을 이해하는 것이 중요합니다. 상대방의 관점을 진정으로 이해하려면, 그들이 중요시하는 가치와 우려하는 위험이 무엇인지 파악해야 합니다. 이것이 진정한 대화의 출발점입니다.

그리스도인들도 이러한 심층적 이해를 바탕으로, 정치 견해가 다른 형제자매의 관점을 진지하게 고려해 볼 필요가 있습니다. 상대방의 정치 견해를 형성한 경험과 가치를 이해하려는 노력은 판단과 분열을 넘어 대화와 연합으로 나아가는 첫걸음이 될 수 있습니다.

판단하지 말고 경청하기

예수님은 "비판을 받지 아니하려거든 비판하지 말라"(마 7:1)라고 가르치셨습니다. 이는 다른 정치 견해를 가진 사람들을 대할 때 특히 중요한 원칙입니다. 판단하기 전에 먼저 경청하는 자세는 정치적 이해의 격차를 좁히고 진정한 대화를 가능하게 합니다.

정치 견해가 다른 교인을 이해하기 위한 첫 단계는 진정한 경청입니다. 반박이나 판단을 위해 듣는 것이 아니라 그들의 경험과 관점을 진정으로 이해하기 위해 듣는 것입니다. 질문은 '왜 그들이 틀렸는가'가 아니라 '어떤 경험과 가치가 그들의 견해를 형성했는가'가 되어야 합니다. 우리가 먼저 이해하려고 노력할 때, 상대방도 마음을 열게 됩니다. 예수님도 자신과 다른 사람들의 이야기를 먼저 들으셨고, 그들의 상황과 필요에 맞는 응답을 하셨습니다. 우리도 그 모범을 따라야 합니다.

효과적인 경청을 위한 실천적 방안을 제안하려고 합니다.

선입견 내려놓기

상대방의 정치 성향에 대한 고정 관념과 선입견을 의식적으로 내려놓습니다. '모든 보수는 이기적이다' 또는 '모든 진보는 비현실적이다'와 같은 일반화된 생각을 버리고, 상대방을 개인으로 바라봅니다.

진정한 호기심 갖기

상대방의 관점에 대해 진정한 호기심을 가지고 질문합니다. '왜 그렇게 생각하세요?'라는 질문이 도전이나 비난이 아닌 이해를 위한 질문이 되도록 합니다. 상대방의 삶의 경험과 가치관에 대해 알아가는 과정을 소중히 여깁니다.

공감적 반응 보이기

동의하지 않더라도 상대방의 감정과 우려를 인정하고 존중합니다. '당신의 걱정과 우려를 이해합니다. 그런 상황에서 그렇게 느끼는 것은 자연스러운 일입니다'와 같은 표현은 대화의 문을 열어 둡니다.

공통점 찾기

서로 다른 의견 속에서도 공통된 가치와 관심사를 찾으려고 노력합니다. 예를 들어, 교육 정책에 대한 접근은 다를 수 있어도, 아이들의 행복과 성장을 바라는 마음은 같을 수 있습니다.

정기적인 자기 성찰

자신의 정치 견해와 그것이 형성된 배경에 대해서도 성찰합니다. 자신의 한계와 편향을 인정할 때, 다른 이의 관점도 더 잘 이해할 수 있습니다.

정치 견해 형성의 복잡성 인정하기

우리의 정치 견해는 복잡한 요소들의 상호 작용을 통해 형성됩니다. 가족 배경, 교육 경험, 지역 문화, 세대, 직업, 개인적 경험, 미디어 노출, 종교적 해석 등 다양한 요소가 영향을 미칩니다. 이러한 복잡성을 인정하는 것은 자신과 타인의 정치 견해를 더 균형 있게 이해하는 데 도움이 됩니다.

많은 연구들은 사람들의 정치적 판단이 단순히 객관적 사실과 논리적 추론만으로 이루어지지 않음을 보여 줍니다. 오히려 우리의 정치적 판단은 감정, 직관, 집단 소속감, 정체성 등 다양한 심리적 요인들의 영향을 받습니다. 이러한 요소들은 우리가 같은 사실이나 정보를 서로 다르게 해석하게 만들 수 있습니다.

사회학자들이 발견한 바에 따르면, 사람들은 자신의 정치 견해가 순전히 합리적인 판단과 객관적 사실에 기초한다고 생각하는 경향이 있습니다. 그러나 연구에 따르면, 우리의 정치 견해는 자신도 인식하지 못하는 다양한 사회적, 심리적 요인들의 영향을 받습니다. 예를 들어, 같은 사실이라도 우리가 속한 집단의 관점에 따라 다르게 해석하는 '집단 편향'이 강하게 작용합니다. 또한 우리는 자신의 기존 신념과 일치하는 정보는 쉽게 받아들이고, 그렇지 않은 정보는 더 비판적으로 검토하는 '확증 편향'을 보이기도 합니다.

이러한 심리적 기제들은 정치적 양극화를 강화하는 경향이 있습니다. 사람들은 자신과 비슷한 견해를 가진 사람들과 교류하고, 자신의 견해를 지지하는 정보를 선택적으로 접하면서, 점점 더 기존의 입장에 확신을 갖게 됩니다. 소셜 미디어와 알고리즘 기반 뉴스 추천 시스템은 이러한 '정보 거품' 현상을 더욱 강화합니다.

그리스도인들은 자신과 타인의 정치 견해 형성 과정의 복잡성을 인정함으로써 더 겸손하고 열린 자세로 대화할 수 있습니다. 자신의 견해도 완전한 객관성과 합리성을 담보하지 못한다는 사실을 인정할 때, 다른 이의 견해도 더 너그럽게 바라볼 수 있게 됩니다.

사실 우리는 자신의 정치 견해가 '순수한 성경적 관점'이라고 생각하기 쉽습니다. 그러나 성경 해석도 우리의 문화적, 사회적 배경의 영향을 받습니다. 같은 성경 구절도 서로 다른 경험과 관점을 가진 사람들에게 다르게 이해될 수 있습니다. 예를 들어, 사회적 약자에 대한 관심을 강조하는 구절과 개인의 책임을 강조하는 구절 중 어떤 것에 더 무게를 두느냐는 우리의 배경과 경험의 영향을 받습니다. 이러한 인식은 우리가 자신의 견해를 절대화하지 않고, 다른 그리스도인들의 관점도 진지하게 고려하도록 도와줍니다. 성경적 가르침의 풍성함을 더 깊이 이해하기 위해서는, 다양한 관점의 그리스도인들이 서로 대화하고 배우는 자세가 필요합니다.

정의에 대한 이해는 달라도 사랑 안에서 하나 되기

정의에 대한 다양한 이해

'정의'(justice)는 모든 그리스도인이 중요하게 여기는 성경적 가치입니다. 성경은 반복해서 하나님께서 정의를 사랑하시며(시 33:5), 그의 백성들도 정의를 행할 것을 요구하신다고 언급합니다. "정의를 행하며 인자를 사랑하며 겸손하게 네 하나님과 함께 행하는 것"(미 6:8)은 하나님께서 그의 백성에게 요구하시는 핵심 덕목입니다.

그러나 '정의'가 구체적으로 무엇을 의미하는지, 어떻게 실현되어야 하는지에 대해서는 그리스도인들 사이에서도 다양한 이해가 있습니다. 추상적 원칙으로서의 정의에는 대부분 동의하지만, 그것을 현실의 복잡한 상황과 제도에 적용하는 방식과 관련해서는 상당한 차이가 존재합니다.

절차적 정의 vs 분배적 정의

정의에 대한 이해의 차이는 여러 차원에서 나타납니다. 그중 하나는 '절차적 정의'와 '분배적 정의'의 강조점 차이입니다.

보수 성향의 그리스도인들은 종종 '절차적 정의'를 강조합니다. 이 관점은 공정한 규칙과 절차가 모든 사람에게 일관되게 적용되는 것을 중요시합니다. 이 관점에서는 개인의 노력과 공헌에 따른 결과의 차이는 불공정하지 않으며, 오히려 각자의 선택과 책임을 존중하는 것으로 여겨집니다. 법치주의, 계약의 자유, 기회의 평등 등이 이러한 관점에서 중요한 가치가 됩니다.

반면 진보 성향의 그리스도인들은 종종 '분배적 정의'를 강조합니다. 이 관점은 사회적 혜택과 부담이 공정하게 분배되어야 한다고 보며, 구조적 불평등을 해소하기 위한 적극적 조치를 지지합니다. 결과의 평등, 사회적 안전망, 취약 계층에 대한 우선적 배려 등이 이러한 관점에서 중요한 가치가 됩니다.

성경은 절차적 정의와 분배적 정의 모두에 관심을 가집니다. 출애굽기와 레위기의 법은 공정한 재판 절차를 요구하지만, 동시에 희년법과 같은 제도를 통해 부의 불평등을 조정하는 메커니즘도 제공합니다. 구약의 선지자들은 정직한 저울과 공정한 법정 절차를 요구하면서도, 가난한 자와 소외된 자들을 돌보지 않는 사회를 강하게 비판했습니다.

문제는 '현대 사회에서 이러한 원칙들을 어떻게 적용할 것인가'입니다. 성경은 특정 경제 체제나 정책을 직접적으로 지지하지 않기 때문에, 그리스도인들은 성경의 원칙을 현대적 상황에 적용하는 과정에서 서로 다른 결론에 도달할 수 있습니다. 중요한 것은 서로의 관점을 존중하면서 대화를 통해 더 포괄적인 정의관을 발전시켜 나가는 것입니다.

개인적 책임 vs 사회적 책임

정의에 대한 또 다른 이해 차이는 '개인적 책임'과 '사회적 책임'의 강조점에 있습니다. 이는 사회 문제의 원인과 해결책을 어디에서 찾는지와 관련이 있습니다.

　보수적 관점에서는 종종 개인의 책임과 선택을 강조합니다. 이 관점에서 정의는 주로 개인이 자신의 행동에 책임을 지고 그에 따른 결과를 받는 것을 의미합니다. 사회 문제의 해결도 주로 개인의 도덕적 선택과 책임감 있는 행동을 통해 이루어진다고 보는 경향이 있습니다.

　진보적 관점에서는 사회적, 구조적 조건의 영향을 더 강조합니다. 이 관점에서 정의는 불평등한 기회와 구조적 장벽을 해소하는 것을 포함합니다. 개인의 선택도 중요하지만, 그 선택이 이루어지는 사회적 조건과 구조적 제약에 더 주목합니다.

　이러한 차이는 여러 사회 문제에 대한 접근 방식에 영향을 미칩니다. 예를 들어, 빈곤 문제에 대해 보수적 관점에서는 개인의 근면, 책임감, 자립심 함양을 강조하는 반면, 진보적 관점에서는 기회의 불평등, 구조적 차별, 사회적 안전망의 필요성을 더 강조하는 경향이 있습니다.

　실제 현장에서 만나는 가난한 이들의 상황은 단순히 '개인의 책임'이나 '사회적 구조'만으로 설명하기 어렵습니다. 대부분은 개인적 요소와 구조적 요소가 복잡하게 얽혀 있습니다. 예를 들어, 한 한부모 가정의 경제적 어려움은 개인의 노력 부족 때문이라기보다는 양육과 생계를 동시에 책임져야 하는 구조적 제약, 불안정한 일자리, 높은 주거 비용, 부족한 사회적 지원 등 복합적 요인에서 비롯됩니다. 따라서 정의로운 접근법은 양쪽 측면을 모두 고려해야 합니다. 개인의 책임과 선택을 존중하는 동시에 불평등한 기회와 구조적 장벽도 해결해야 합니다. 예수님도 개인의 회개와 변화를 요구하셨지만, 동시에 사회적 불의와 제도적 문제도 지적하셨습니다. 진정한 정의는 이 두 측면의 균형 있는 통합을 요구합니다.

사랑, 정치적 차이를 넘어서는 최고의 가치

이처럼 정의에 대한 이해는 다양할 수 있지만, 그리스도인에게 궁극적인 가치는 사랑입니다. 예수님은 '서로 사랑하라'는 계명을 '새 계명'으로 주셨고(요 13:34), 사도 바울은 "믿음, 소망, 사랑, 이 세 가지는 항상 있을 것인데 그중의 제일은 사랑이라"(고전 13:13)라고 강조했습니다. 모든 율법과 선지자의 가르침이 '하나님을 사랑하고 이웃을 사랑하라'는 두 계명에 달려 있다고 예수님께서 말씀하셨습니다(마 22:37-40).

사랑은 정치적 차이를 초월하여 모든 그리스도인이 공유하는 최고의 가치입니다. 사랑은 추상적인 감정이 아니라 구체적인 행동과 태도를 요구합니다. 사도 바울은 고린도전서 13장에서 사랑은 오래 참고, 온유하며, 교만하지 않고, 자기의 유익을 구하지 않으며, 악한 것을 생각하지 않는다고 설명합니다. 이러한 사랑의 특성들은 정치적으로 분열된 상황에서 더욱 필요한 덕목입니다.

정의에 대한 이해는 다를 수 있지만, 사랑의 요구는 모든 그리스도인에게 동일합니다. 사랑은 우리로 하여금 정치 견해가 다른 형제자매를 적이 아닌 동료 순례자로 보게 합니다. 사랑은 우리로 하여금 서로의 인간성과 존엄성을 인정하고 함께 진리를 추구하게 합니다.

사랑은 정치적 대화에서도 상대방을 '정복해야 할 대상'이 아니라 '이해하고 존중해야 할 형제자매'로 바라보게 합니다. 예수님께서도 자신과 정치적, 종교적 견해가 다른 사람들을 만나셨을 때, 그들의 견해를 정정하시기 전에 먼저 그들을 사랑으로 대하셨습니다. 우리도 그 모범을 따라야 합니다.

실제로 초기 기독교 공동체는 다양한 배경과 견해를 가진 사람들, 곧 유대인과 이방인, 노예와 자유인, 남성과 여성이 그리스도 안에서 하나가 되는 혁명적인 모습을 보여 주었습니다. 이것은 당시 로마 사회의 분열된 현실에 대한 강력한 대안이었습니다. 오늘날에도 교회는 정치적 분열을 넘어서 사랑의 공동체가 됨으로써 세상에 복음의 능력을 증거할 수 있습니다.

사랑과 정의의 통합

사랑과 정의는 대립되는 가치가 아니라 상호 보완적인 가치입니다. 진정한 사랑은 정의를 추구하고, 진정한 정의는 사랑에서 비롯됩니다. 사랑이 없는 정의는 냉혹하고 메마른 율법주의가 될 수 있으며, 정의가 없는 사랑은 감상적이고 비효과적인 온정주의가 될 수 있습니다.

그리스도인은 둘 모두를 추구해야 합니다. 예수님은 죄인을 사랑하셨지만, 죄를 용인하시지는 않았습니다. 그분은 간음하다 잡힌 여인을 정죄하지 않으시고 사랑으로 대하셨지만, 동시에 "다시는 죄를 범하지 말라"(요 8:1-11)라고 말씀하셨습니다.

마찬가지로 우리는 정치 견해가 다른 사람들을 사랑하면서도, 정의와 진리에 대한 추구를 포기하지 않아야 합니다. 사랑은 우리가 진정한 대화와 상호 이해를 통해 더 포괄적이고 온전한 정의관을 발전시켜 나갈 수 있게 합니다.

사랑과 정의의 균형은 개인적 관계뿐만 아니라 사회적 차원에서도 중요합니다. 지나치게 정의만 강조하는 사회는 인간성을 상실한 관료제가 될 수 있고, 사랑만 강조하는 사회는 구조적 불의를 간과할 수 있습니다. 그리스도인들은 사회 참여를 할 때에도 사랑과 정의를 함께 추구함으로써 보다 인간적이고 공정한 사회를 만드는 데 기여할 수 있습니다.

정치 견해가 다른 그리스도인들이 함께 사랑을 실천할 수 있는 방법

정치 견해 차이에도 불구하고, 그리스도인들은 여러 방식으로 함께 사랑을 실천할 수 있습니다. 이는 단순히 차이를 무시하자는 것이 아니라 차이를 인정하면서도 그리스도 안에서의 일치를 경험하는 방법입니다.

정치를 넘어선 공동의 섬김

정치 견해와 관계없이 모든 그리스도인이 동의할 수 있는 섬김의 영역(가난한 자 돕기, 병든 자 방문하기, 소외된 이웃 섬기기 등)에서 함께 협력합니다. 함께 봉사하는 과정에서 서로에 대한 이해와 존중이 자연스럽게 깊어질 수 있습니다.

상호 존중의 대화

정치 이슈에 대해 논의할 때도 상대방의 인격과 의도를 존중하고, 진정한 이해를 추구합니다. 대화의 목적을 '상대방을 설득하는 것'에서 '서로를 더 깊이 이해하는 것'으로 전환합니다. 이는 승패의 논쟁이 아닌 상호 성장을 위한 대화를 가능하게 합니다.

함께 기도하기

정치 견해가 다른 그리스도인들이 함께 모여 국가와 사회, 그리고 서로를 위해 기도하는 시간을 갖습니다. 공동의 기도는 우리가 모두 같은 하나님 앞에 서 있는 형제자매임을 상기시켜 주고, 정치적 차이를 초월하는 영적 일치를 경험하게 합니다.

예배와 성찬

함께 드리는 예배와 성찬은 우리가 정치적 정체성보다 더 근본적인 그리스도인으로서의 정체성을 공유하고 있음을 상기시켜 줍니다. 예배에서 우리는 모두 같은 하나님을 경배하며, 성찬에서 우리는 모두 같은 그리스도의 몸과 피에 참여합니다.

서로의 장점 인정하기

다른 정치적 관점에서도 배울 점이 있음을 인정하고, 서로의 장점을 적극적으로 찾아내고 인정합니다. 보수적 관점의 안정성과 전통 존중, 진보적 관점의 개혁 의지와 포용성 등 서로 다른 강점들이 균형을 이룰 때 공동체는 더욱 풍성해질 수 있습니다.

정치적 견해가 달라도 공동선을 추구하기

공동선의 개념

'공동선'(Common Good)은 모두의 이익과 번영을 의미합니다. 이는 단순히 개인적 이익의 총합이 아니라 공동체 전체가 함께 번영하고 발전하는 상태를 가리킵니다. 공동선의 개념은 '나'와 '너'의 대립을 넘어 '우리 모두'의 공동 번영을 지향합니다.

가톨릭 사회 교리에서 발전한 이 개념은 오늘날 많은 개신교 사회 윤리 학자들에게도 중요한 원칙이 되었습니다. 공동선은 개인주의와 집단주의 모두를 넘어서는 균형 잡힌 사회 비전을 제시합니다. 이는 개인의 존엄성과 자유를 존중하면서도, 우리가 서로 연결된 공동체의 일원임을 인식하고 함께 번영하는 사회를 지향합니다.

이는 성경의 '샬롬'(shalom) 개념과 연결됩니다. 샬롬은 단순히 갈등 부재가 아니라 모든 관계, 곧 하나님과의 관계, 이웃과의 관계, 창조 세계와의 관계가 올바로 세워진 총체적 평화와 번영의 상태를 의미합니다. 성경은 개인의 구원과 성화뿐만 아니라 공동체 전체의 회복과 번영에도 관심을 가집니다. 예수님의 하나님 나라 선포는 단순히 개인의 죄 사함을 넘어, 하나님의 의와 평화가 이 땅에 실현되는 총체적 회복을 지향했습니다. 이러한 관점에서 그리스도인은 단지 자신의 영혼 구원에만 집중하는 것이 아니라 모든 이의 번영과 공동체 전체의 샬롬을 위해 일하도록 부름받았습니다.

공동선 추구의 성경적 근거

공동선의 추구는 여러 성경적 원리에 기반합니다.

하나님의 형상으로서의 인간 존엄성

모든 인간은 하나님의 형상을 지니고 있으므로(창 1:27), 사회 제도와 정책은 모든 사람의 존엄성을 존중해야 합니다. 특정 집단이나 개인의 이익을 위해 다른 이들의 존엄성이 훼손되어서는 안 됩니다.

상호 의존성

사도 바울은 교회를 몸에 비유하며 '서로 지체가 됨'을 강조했습니다(롬 12:5). 이와 마찬가지로, 사회 공동체도 서로 연결되고 의존하는 관계 속에 있습니다. 어느 한 부분의 고통은 전체에 영향을 미치며, 한 부분의 번영은 다른 부분에도 유익을 줍니다.

우선적 사랑

성경은 특별히 취약하고 소외된 이들에 대한 관심을 강조합니다(신 10:18; 마 25:31-46). 공동선은 가장 약한 구성원의 필요도 고려합니다. 진정한 번영은 사회적 약자들을 포함한 모든 구성원이 함께 누리는 것입니다.

청지기 의식

그리스도인은 청지기로서 자원과 권한을 자신만을 위해서가 아니라 모든 이의 유익을 위해 사용하도록 부름받았습니다(벧전 4:10). 우리가 가진 모든 것은 궁극적으로 하나님으로부터 온 것이며, 우리에게는 그것을 공동체의 유익을 위해 사용할 책임이 있습니다.

화해와 평화

예수님은 화평케 하는 자가 복이 있다고 하셨으며(마 5:9), 사도 바울은 그리스도인의 사명을 '화목하게 하는 직분'으로 설명했습니다(고후 5:18). 공동선은 갈등과 분열을 넘어 화해와 협력을 통한 평화로운 공존을 지향합니다.

다양한 정치적 입장에서의 공동선 추구

공동선이라는 원칙에는 대부분의 그리스도인이 동의할 수 있지만, 그것을 실현하는 구체적인 방법에 대해서는 다양한 접근이 있을 수 있습니다. 서로 다른 정치적 관점은 공동선의 서로 다른 측면을 강조하는 경향이 있습니다.

보수적 관점에서의 공동선 추구

보수적 관점에서는 종종 다음과 같은 방식으로 공동선을 추구합니다.

개인의 자유와 책임감 강조

개인의 자유롭고 책임감 있는 선택이 사회 전체의 번영으로 이어진다고 봅니다. 과도한 규제나 간섭은 오히려 개인의 창의성과 책임감을 저해할 수 있다고 우려합니다.

가족, 교회, 지역 공동체와 같은 중간 단체의 역할 중시

중앙 정부보다는 가족, 종교 단체, 자발적 결사체, 지역 공동체 등 중간 단체들이 공동선 실현에 중요한 역할을 한다고 봅니다. 이러한 단체들은 개인적 관계와 직접적 책임을 바탕으로 보다 효과적으로 돌봄과 상호 지원을 제공할 수 있습니다.

경제 성장과 기회 창출을 통한 전체 사회의 번영 추구

경제적 자유와 기업가 정신을 통한 전체 규모의 확대가 장기적으로 모든 이에게 유익하다고 봅니다. '상승하는 조수는 모든 배를 들어올린다'는 관점에서 경제 성장을 중시합니다.

전통적 가치와 도덕적 질서의 유지가 사회 전체의 안정과 번영에 기여한다고 봄

가족 제도, 종교적 가치, 전통적 덕목 등이 건강한 사회의 토대가

된다고 보고, 이러한 가치들의 보존과 강화를 중시합니다.

보수적 관점에서 공동선을 주장하는 사람은 보통 다음과 같이 말합니다.

"활기찬 시민 사회와 건강한 시장 경제가 필요합니다. 정부의 역할도 중요하지만, 지나친 중앙 집권화나 관료제는 오히려 공동선을 저해할 수 있습니다. 개인의 자유와 책임, 가족과 지역 공동체의 역할을 강화하는 것이 더 지속 가능한 공동선을 실현하는 길입니다. 시장 경제는 단순한 이기심의 총합이 아니라, 상호 협력과 자발적 교환을 통해 사회적 선을 창출하는 메커니즘입니다. 건전한 도덕적 기반 위에서 운영될 때, 시장 경제는 자원의 효율적 배분뿐만 아니라 인간의 창의성과 책임감을 발휘할 기회를 제공합니다. 정부는 이러한 기본 질서를 유지하고 왜곡을 방지하는 역할에 집중해야 합니다."

진보적 관점에서의 공동선 추구

진보적 관점에서는 종종 다음과 같은 방식으로 공동선을 추구합니다.

구조적 불평등과 제도적 장벽 해소 강조

개인의 노력만으로는 넘기 어려운 구조적 장벽과 불평등이 존재한다고 보고, 이를 해소하기 위한 적극적 조치를 중시합니다. 권력과 자원의 불균등한 분배가 공동선을 저해한다고 봅니다.

사회적 안전망과 공공 서비스의 역할 중시

기본적 필요와 권리를 보장하는 사회적 안전망과 공공 서비스가 공동선의 중요한 요소라고 봅니다. 건강 보험, 교육, 주거 지원 등의 프로그램이 모든 사회 구성원의 존엄성과 기본적 복지를 보장한다고 봅니다.

환경 보호와 지속 가능성을 통한 세대 간 정의 추구

현세대의 이익만이 아니라 미래 세대의 필요도 고려하는 지속 가능한 발전을 중시합니다. 환경 보호와 기후 위기 대응은 세대 간 공동선을 위한 중요한 과제로 봅니다.

다양성과 포용성이 사회 전체의 창의성과 활력에 기여한다고 봄

다양한 배경과 정체성을 가진 사람들이 평등하게 참여하고 목소리를 낼 수 있는 포용적 사회가 더 창의적이고 활력 있는 공동선을 창출한다고 봅니다.

진보적 관점에서 공동선을 주장하는 사람은 이렇게 말합니다.

"공동선을 위해서는 구조적 불평등과 불의에 대한 적극적 대응이 필요합니다. 시장 논리만으로는 공동선이 자동적으로 실현되지 않으며, 사회적 약자와 소외된 이들의 권리와 필요를 보호하는 제도적 장치가 중요합니다. 또한 환경 보호와 같은 장기적 과제도 공동선의 핵심 요소입니다. 성경도 약자와 소외된 자들에 대한 특별한 관심을 보이며, 하나님의 정의는 종종 구조적 차원의 변화를 요구합니다. 예언자들은 개인의 회개만이 아니라 사회 제도의 개혁을 촉구했습니다. 진정한 공동선은 모든 사람, 특히 가장 취약한 이들의 필요와 존엄성이 존중받는 사회를 의미합니다. 이를 위해 우리는 불평등한 권력 구조를 변화시키고, 모든 이의 참여와 번영을 가능케 하는 제도적 틀을 만들어야 합니다."

공동선을 위한 대화와 협력

이처럼 공동선을 추구하는 구체적 방법에는 차이가 있을 수 있지만, 그리스도인들은 이러한 차이를 존중하면서도 함께 협력할 수 있는 길을 모색해야 합니다. 서로 다른 정치적 관점이 각자의 한계를 인정하고 상호 보완적으로 작용할 때, 더 포괄적이고 균형 잡힌 공동선의 비전을 발전시킬 수 있습니다.

우리는 '어느 쪽이 옳은가'를 넘어, '어떻게 서로의 통찰을 통합할 수 있는가'를 고민해야 합니다. 보수적 관점이 강조하는 개인의 책임과 자유, 가족과 공동체의 중요성은 분명 가치 있는 통찰입니다. 마찬가지로 진보적 관점이 강조하는 구조적 정의와 포용성, 환경적 책임도 중요한 가치입니다. 사실 이 모든 요소는 진정한 공동선을 위해 필요합니다. 개인의 자유와 책임 없이는 건강한 사회가 불가능하지만, 구조적 불평등에 대한 대응 없이는 진정한 기회의 평등도 불가능합니다. 가족과 지역 공동체의 역할은 중요하지만, 이들만으로는 모든 사회 문제를 해결할 수 없습니다. 이러한 다양한 관점이 서로를 보완하며 더 풍성한 공동선의 비전을 만들어 갈 수 있습니다. 그리스도인들은 이념적 진영에 갇히기보다 성경의 총체적 가르침을 바탕으로 다양한 관점의 통합을 추구해야 합니다.

공동선을 위한 대화와 협력의 원칙을 다음과 같이 제시합니다.

상호 학습의 자세

다른 정치적 관점에서도 배울 점이 있다는 열린 자세를 갖습니다. 어떤 정치적 관점도 완벽하지 않으며, 모든 관점은 보완이 필요합니다.

복잡성 인정

대부분의 사회 문제는 복잡하며, 단일한 이념이나 접근법으로 완전히 해결될 수 없음을 인정합니다. 단순한 해결책보다는 다차원적 접근이 필요한 경우가 많습니다.

점진적 접근

완벽한 해결책을 기다리기보다 다양한 관점이 동의할 수 있는 점진적 개선을 추구합니다. 작은 합의와 개선이 모여 더 큰 변화로 이어질 수 있습니다.

실용적 중도

이념적 순수성보다 실질적인 문제 해결과 모든 이의 복지 향상에 초점을 맞춥니다. '무엇이 효과적인가'와 '무엇이 사람들의 삶을 실질적으로 개선하는가'를 중심으로 접근합니다.

포용적 대화

다양한 이해관계자, 특히 정책의 영향을 받는 당사자들의 목소리가 대화에 포함되어야 합니다. 진정한 공동선은 모든 구성원의 관점과 필요를 고려할 때 실현될 수 있습니다.

이러한 원칙에 따른 접근법은, 교회 내에서뿐만 아니라 그리스도인들이 더 넓은 사회에 참여할 때에도 적용될 수 있습니다. 정치적 진영의 경계를 넘어 공동선을 위한 대화와 협력을 추구함으로써 그리스도인들은 분열된 사회에 화해와 협력의 모델을 제시할 수 있습니다.

정치적 견해가 달라도 서로의 양심을 지켜 주기

양심의 자유와 그 한계

그리스도인에게 양심(conscience)은 중요한 개념입니다. 성경은 양심을 하나님께서 우리 안에 심어 주신 내적 나침반으로 묘사하며, 이를 존중하라고 가르칩니다. 사도 바울은 "각각 자기 마음에 확정한 대로 할지니"(롬 14:5)라고 말하며, 특정 문제와 관련하여 그리스도인들 사이의 견해 차이를 인정했습니다. 이는 당시 음식 규정과 특별한 날의 준수와 같은 문제에 관한 것이었지만, 더 넓은 원칙으로도 적용될 수 있습니다.

개혁주 전통에서도 양심의 자유는 중요한 원칙입니다. 종교 개혁의 중요한 동기 중 하나는 개인이 직접 성경을 읽고 해석할 수 있는 자유였습니다. 웨스트민스터 신앙 고백 20장 2항은 "하나님 한 분만이 양심의 주이시다. 하나님께서는 양심을 믿음과 예배의 문제에 있어서 하나님의 말씀에 반대되거나 그분의 말씀에서 이탈된 사람들의 교리나 계명에서 자유하게 하셨다"고 선언합니다. 이는 종교적 권위가 개인의 양심을 억압해서는 안 된다는 중요한 원칙을 확립합니다.

이러한 양심의 자유는 정치 견해에도 적용될 수 있습니다. 그리스도인들은 성경의 원칙에 기반하지만, 구체적인 정책과 접근법 관련해서는 자신의 양심에 따라 다양한 입장을 취할 수 있습니다. 성경은 많은 현대적 정치 이슈에 대해 명시적인 지침을 제공하지 않으며, 같은 성경 원칙도 다른 방식으로 적용될 수 있습니다.

성경은 많은 정치적, 사회적 이슈에 대해 명확한 '청사진'을 제공하지 않습니다. 대신 기본 원칙들을 제시하고, 그것을 구체적 상황에 적용하는 것은 신자들의 기도와 분별, 양심에 맡겨집니다. 예를 들어, 성경은 가난한 자를 돌보라고 가르치지만, 그것과 관련해서 어떤 복지 정책을 지지해야 하는지는 구체적으로 명시하지 않습니다. 또한 성경은 생명의 존엄성을 가르치지만, 그것이 모든 의료 윤리 질문에 대한 명확한 답을 제공하지는 않습니다. 따라서 신실한 그리스도인들이 정치적 문제에 대해 다른 결론에 도달할 수 있음을 인정해야 합니다. 이는 상대주의가 아니라 인간 지식의 한계와 성경 해석의 복잡성을 인정하는 신학적 겸손의 표현입니다.

그러나 양심의 자유에도 한계가 있습니다. 사도 바울은 "모든 것이 가하나 모든 것이 유익한 것은 아니요 모든 것이 가하나 모든 것이 덕을 세우는 것은 아니니"(고전 10:23)라고 말했습니다. 양심의 자유는 사랑과 공동체의 선이라는 맥락에서 행사되어야 합니다.

양심의 자유는 중요하지만, 그것이 공동체의 일치와 사랑, 그리고 성경의 명확한 가르침을 손상시키는 방식으로 행사되어서는 안 됩니다. 정치 견해와 관련해서도 마찬가지입니다. 우리는 자신의 정치 견해를 표현할 자유가 있지만, 그것이 교회의 일치와 형제자매에 대한 사랑을 해치는 방식으로 이루어져서는 안 됩니다. 양심의 자유는 책임을 동반합니다. 우리는 자신의 견해가 다른 이들에게 미치는 영향을 고려해야 하며, 때로는 공동체의 평화와 일치를 위해 자신의 자유를 자발적으로 제한할 필요도 있습니다. 사도 바울도 약한 형제를 위해 자신의 자유를 제한할 수 있다고 가르쳤습니다(고전 8장). 그러나 이것이 자신의 양심에 반하는 행동을 강요받아야 한다는 의미는 아닙니다. 교회는 다양성 속에서 일치를 추구하는 공간이 되어야 합니다. 양심의 자유와 공동체적 책임 사이의 균형을 찾는 것은 쉽지 않은 과제입니다. 이는 지속적인 대화와 상호 존중, 그리고 성령의 인도하심을 구하는 자세를 요구합니다.

본질적인 것과 비본질적인 것의 구분

교회 역사에서 중요한 원칙 중 하나는 '본질적인 것에는 일치를, 비본질적인 것에는 자유를, 모든 것에는 사랑을'(In essentials unity, in non-essentials liberty, in all thingscharity)이라는 격언입니다. 이 원칙은 17세기 독일의 루터교 신학자 루퍼트 멜데니우스(Rupert Meldenius)에게서 유래한 것으로 알려져 있으며, 그 후 많은 교파와 전통에서 중요한 지침으로 받아들여졌습니다.

이 원칙을 정치 문제에 적용하면, 그리스도인들은 신앙의 핵심 교리에서는 일치를 추구하지만, 정치 견해와 같은 비본질적인 문제에서는 다양성을 인정하고, 모든 상황에서 사랑의 태도를 유지해야 합니다. 이는 교회의 본질적 정체성을 훼손하지 않으면서도, 다양한 배경과 견해를 가진 신자들이 함께 공존할 수 있는 틀을 제공합니다.

그리스도인의 정체성은 정치적 입장이 아니라 그리스도에 대한 신앙에 있습니다. 우리가 예수님이 그리스도시며 그의 십자가와 부활을 통해 구원받았다는 핵심 신앙을 공유한다면, 정치 견해의 차이는 이차적인 문제입니다. 이러한 인식은 우리가 정치적 논쟁 속에서도 형제자매로서의 일치를 유지할 수 있게 합니다. 물론 정치 견해도 중요합니다. 그것이 우리의 신앙과 무관한 영역도 아닙니다. 그러나 그것은 신앙의 본질이 아니라 신앙의 적용에 관한 것입니다. 우리는 같은 복음을 믿으면서도, 그 복음이 사회적, 정치적 맥락에서 어떻게 구현되어야 하는지에 대해서는 서로 다른 이해를 가질 수 있습니다. 중요한 것은 이러한 차이에도 불구하고 서로를 그리스도 안에서 형제자매로 인정하고 사랑으로 대하는 것입니다.

본질적인 것과 비본질적인 것을 구분하는 이러한 접근법은 교회 안에서의 정치적 다양성을 건강하게 관리하는 데 도움이 됩니다. 그러나 이는 모든 정치 견해가 동등하게 유효하다거나 그리스도인이 정치적 문제에 무관심해도 된다는 의미는 아닙니다. 오히려 비본질적인 영역에서의 자유는 성경적 원칙을 현실에 적용하기 위한 진지한 고민과 대화를 요구합니다.

비본질적인 것에서의 자유는 무관심이나 불성실함이 아니라 오히려 더 깊은 대화와 상호 존중의 토대가 되어야 합니다. 우리는 서로 다른 정치 견해를 가질 수 있지만, 그 견해들이 어떻게 성경적 원칙에 기반하는지, 어떻게 하나님의 정의와 사랑을 현실 세계에 구현하려는 시도인지에 대해 진지하게 대화해야 합니다. 이러한 대화는 상대방의 견해를 더 깊이 이해하고, 자신의 견해도 성찰하는 기회가 됩니다. 궁극적으로는 서로 다른 관점들이 하나님 나라의 더 풍성한 이해로 통합될 수 있는 가능성도 열어 둡니다.

정치를 초월한 그리스도인의 정체성

이 장에서 우리는 정치 이념보다 더 중요한 가치들, 곧 사랑, 공동선, 양심을 탐구했습니다. 이러한 가치들은 정치적 차이를 가진 그리스도인들이 서로를 이해하고 함께 협력할 수 있는 토대를 제공합니다. 이는 오늘날 분열된 사회와 교회 안에서 중요한 화해와 연합의 가능성을 열어 줍니다.

결론적으로, 그리스도인의 근본적 정체성은 정치 성향이 아니라 그리스도에 대한 신앙에 있습니다. 우리는 먼저 하나님의 자녀이자 그리스도의 제자이며, 그 다음에 보수나 진보입니다. 정치 성향은 우리 정체성의 일부일 수 있지만, 그것이 우리의 본질적 정체성을 규정해서는 안 됩니다.

정치적 입장은 우리가 세상과 교회를 바라보는 '렌즈' 중 하나일 뿐, 우리의 본질적 정체성은 아닙니다. 우리가 이 사실을 기억할 때, 정치적 차이에도 불구하고 그리스도 안에서 형제자매로 서로를 인정하고 존중할 수 있습니다. 초대 교회에서도 유대인과 이방인, 노예와 자유인, 다양한 문화적 배경을 가진 신자들이 그리스도 안에서 하나가 되는 혁명적인 공동체를 이루었습니다. 오늘날에도 교회는 정치적 분열을 넘어서 하나님 나라의 가치를 함께 추구하는 대안적 공동체가 되어야 합니다. 이것이 분열된 세상을 향한 우리의 강력한 증언이 될 것입니다.

오늘날 한국 사회와 교회는 심각한 정치적 양극화를 경험하고 있습니다. 이념적 진영 간의 갈등은 때로 교회 공동체의 단절과 분열로 이어지기도 합니다. 그러나 그리스도인들은 이러한 분열을 넘어서, 사랑, 공동선, 양심과 같은 더 근본적인 가치를 중심으로 대화하고 협력할 수 있습니다.

  교회가 정치적 진영에 따라 나뉘는 것이 아니라 정치적 양극화를 넘어서는 대안 공동체가 된다면 어떨까요? 우리 안에서 다양한 정치 견해를 가진 사람들이 서로 존중하고 대화하며, 함께 공동선을 추구하는 모습을 보여 준다면, 그것이야말로 분열된 세상을 향한 강력한 복음의 증언이 될 것입니다. 초대 교회가 당시 로마 사회의 인종적, 계급적 장벽을 넘어서는 초월적 공동체로 세상의 주목을 받았듯이, 오늘날 교회도 정치적 분열을 넘어서는 초월적 공동체로 세상에 하나님 나라의 가치를 보여 줄 수 있습니다. 이것은 단순히 이상이 아니라 그리스도 안에서 가능한 현실입니다. 우리가 먼저 그리스도의 제자임을 기억하고, 서로를 형제자매로 인정하며, 함께 하나님 나라의 가치를 실천할 때, 이 비전은 현실이 될 수 있습니다.

나눔을 위한 질문

1) 정치 성향이 다르다는 이유로 누군가를 멀리하거나 마음을 닫았던 경험이 있나요?

2) 정치적 견해가 다른 성도들과 건강한 대화를 나누기 위해 우리는 어떤 태도를 가져야 할까요?

3) '정의'에 대한 이해가 달라도, 우리가 그리스도 안에서 하나 될 수 있는 이유는 무엇일까요?

4) 내 정치적 판단이 성경적이라고 확신할 때에도, 혹시 내 양심의 자유를 지나치게 확신하거나, 반대로 복음의 정신을 간과하고 있지는 않은지 꼭 스스로 점검해야 합니다. 성경적 신념과 복음적 태도 사이에서 균형을 유지하고 있나요?

5) 정치적 견해보다 '사랑'을 더 우선시한다는 것은 구체적으로 어떤 행동을 뜻할까요?

6) 공동선을 추구하기 위해, 우리는 서로 다른 정치적 통찰을 어떻게 존중하고 통합해 갈 수 있을까요?

7) '먼저 우리는 하나님의 자녀이자 그리스도의 제자'라는 정체성은 오늘날처럼 분열된 시대에 우리에게 어떤 방향을 제시해 줄 수 있을까요?

"그리스도인으로서 나는 어떻게 정치에 참여해야 할까?"

이는 많은 신실한 그리스도인들이 선거철마다 또는 중요한 정치적 결정의 순간마다 마주하는 질문입니다. 지금까지 우리는 신앙과 정치의 관계, 교회와 국가의 관계, 그리고 정치적 차이를 넘어서는 근본적 가치들을 살펴보았습니다. 이번 장에서는 이러한 이론적 토대를 바탕으로, 그리스도인이 복음에 충실하면서도 현실 정치에 책임 있게 참여할 수 있는 구체적인 원칙들을 제시하고자 합니다.

원칙 1: 특정 정치인이 아니라 하나님 나라를 기준으로

정치적 메시아주의의 위험

오늘날 정치에서 가장 큰 유혹 중 하나는 '정치적 메시아주의'입니다. 이는 특정 정치인이나 정당이 사회의 모든 문제를 해결해 줄 것이라는 지나친 기대와 희망을 품는 것을 의미합니다. 그러나 이러한 태도는 그리스도인에게 적합하지 않습니다. 정치인을 메시아처럼 바라보는 것은 우상 숭배의 한 형태입니다. 어떤 정치인도, 어떤 정당도 완벽하지 않으며 궁극적 구원을 가져다줄 수 없습니다. 우리의 궁극적 소망은 오직 예수 그리스도께만 있어야 합니다.

역사를 살펴보면, 그리스도인들이 특정 정치 지도자나 이념에 지나친 희망을 품었을 때, 그것은 종종 신앙의 타협과 환멸로 이어졌습니다. 1930년대 독일의 일부 그리스도인들이 히틀러를 민족의 구원자로 보았던 비극적 사례나 해방 신학이 특정 정치 이념과 지나치게 밀착되었던 경우들이 이러한 위험성을 잘 보여 줍니다.

하나님 나라의 가치를 정치적 판단의 기준으로

그리스도인의 정치 참여는 특정 정치인이나 정당에 대한 무조건적 충성이 아니라 하나님 나라의 가치를 기준으로 이루어져야 합니다. 예수님은 "너희는 먼저 그의 나라와 그의 의를 구하라"(마 6:33)라고 가르치셨습니다.

하나님 나라의 가치들, 곧 정의, 평화, 화해, 생명 존중, 약자 보호 등이 정치적 판단의 기준이 되어야 합니다. 이는 복잡한 정치적 상황에서 분별력 있는 선택을 할 수 있는 나침반이 됩니다. 이러한 가치들은 성경 전체에 걸쳐 나타나며, 하나님의 성품과 뜻을 반영합니다. 예를 들어, 미가는 "정의를 행하며 인자를 사랑하며 겸손하게 네 하나님과 함께 행하는 것"(미 6:8)을 요구합니다.

특정 정당이나 이념에 대한 맹목적 충성이 아니라 성경적 원칙에 비추어 각 후보와 정책을 평가하는 것이 중요합니다. 이는 더 균형 잡힌 정치적 판단을 가능하게 하며, 정치적 양극화의 함성에 빠지지 않도록 도와줍니다.

하나님 나라 기준으로 정치에 참여하기 위하여

후보와 정당 평가표 만들기

선거 전에 하나님 나라의 가치들(정의, 평화, 생명 존중, 약자 보호 등)을 기준으로, 각 후보나 정당의 정책을 평가하는 표를 만들어 볼 수 있습니다. 이는 감정이나 이미지가 아닌 실질적인 가치와 정책에 기반한 판단을 돕습니다.

영적 분별 과정

중요한 정치적 결정을 앞두고 기도와 대화를 통한 분별의 과정을 가집니다. 개인적으로나 공동체적으로 성령님의 인도하심을 구하는 것이 중요합니다.

다양한 관점 접하기

자신이 지지하는 정당이나 이념에 대한 비판적 관점도 기꺼이 접함으로써 맹목적 충성을 방지합니다. 이는 더 균형 잡힌 시각을 발전시키는 데 도움이 됩니다.

정치적 대화 모임 참여하기

다양한 정치 견해를 가진 그리스도인들이 함께 모여 대화하는 모임에 참여함으로써 하나님 나라의 가치가 어떻게 다양한 방식으로 해석되고 적용될 수 있는지 배울 수 있습니다.

원칙 2: 신문보다 성경을 더 많이 읽자

미디어에 의한 세계관 형성의 위험성

요즘 사람들은 하루 종일 다양한 미디어에 노출됩니다. 뉴스, 소셜 미디어, 유튜브 등을 통해 끊임없이 정보와 관점을 접하게 됩니다. 이러한 미디어 환경은 우리의 세계관과 가치관에 강력한 영향을 미칩니다.

문제는 많은 미디어 콘텐츠가 특정 정치적 관점을 강하게 반영하고 있다는 점입니다. 그리스도인이 성경보다 편향된 미디어에 더 많이 노출될 경우, 점차 성경적 관점보다 세속적 이념이 그의 사고방식을 지배할 위험이 있습니다.

미디어 연구에 따르면, 우리가 매일 접하는 미디어는 단순히 정보만 전달하는 것이 아니라 특정한 내러티브와 세계관을 형성합니다. 사람들은 자신의 정치 성향과 일치하는 뉴스만 소비하는 '확증 편향'의 경향이 있으며, 이는 '반향실 효과'(echo chamber effect)를 만들어 냅니다. 반향실 효과란 소리가 밖으로 나가지 않고 소리를 메아리처럼 울리게 만든 방에서 똑같은 소리가 되돌아온다는 점에 착안하여 만든 용어로, 비슷한 생각을 가진 사람들이 함께 모여 있으면 그들의 사고방식이 돌고 돌면서 서로를 도와주어 신념과 믿음이 증폭되고 강화되는 현상을 말합니다.

더 심각한 것은 많은 미디어 플랫폼이 논쟁과 분노를 유발하는 콘텐츠를 의도적으로 더 많이 노출시키도록 설계되어 있다는 점입니다. 이는 사용자의 참여와 체류 시간을 늘리기 위한 전략이지만, 결과적으로 사회적 분열과 양극화를 심화시킵니다.

성경적 세계관 형성의 중요성

그리스도인의 정치 참여는 세속적 이념이 아니라 성경적 세계관에 기반해야 합니다. 이를 위해서는 의식적으로 성경에 더 많이 노출되어 성경의 관점에서 현실을 바라보는 습관을 길러야 합니다.

사도 바울은 "너희는 이 세대를 본받지 말고 오직 마음을 새롭게 함으로 변화를 받아 하나님의 선하시고 기뻐하시고 온전하신 뜻이 무엇인지 분별하도록 하라"(롬 12:2)라고 권면했습니다. 정치 이슈에 대한 판단도 성경적 관점의 훈련이 필요합니다. 이는 단순히 성경 구절을 인용하는 것이 아니라 성경의 큰 이야기(창조, 타락, 구속, 완성)와 핵심 가치(사랑, 정의, 화해, 섬김)를 통해 현실을 바라봄을 의미합니다. 이러한 성경적 렌즈는 일상적인 성경 읽기와 묵상을 통해 형성됩니다.

성경적 세계관은 하나님, 인간, 사회, 역사에 대한 총체적인 이해를 제공합니다. 이러한 관점은 정치 이슈들을 더 넓은 맥락에서 바라보게 해 주며, 단기적인 이익이나 감정적 반응을 넘어서는 지혜를 제공합니다.

'신문보다 성경을' 원칙을 실천하기 위하여

일상적 성경 묵상 습관 기르기

매일 정해진 시간에 성경을 읽고 묵상하는 습관을 기릅니다. 특히 시편, 잠언, 예언서들은 공의와 정의에 대한 성경적 관점을 형성하는 데 도움이 됩니다. 또한 복음서를 통해 예수님의 가르침과 삶의 방식을 배울 수 있습니다.

미디어 소비 균형 맞추기

자신이 접하는 뉴스와 정보의 출처를 다양화하고, 정치적 편향성을 인식하며, 비판적으로 소비합니다. 때로는 의도적인 '미디어 금식'을 통해 과도한 정보 소비에서 벗어나는 시간을 갖는 것도 필요합니다.

성경적 관점으로 뉴스 해석하기

주요 뉴스나 정치 이슈를 접할 때, '이 상황에 대해 성경은 어떤 원칙을 제시하는가?'라는 질문을 던져 봅니다. 이는 단순히 정치적 입장에 성경 구절을 끼워 맞추는 것이 아니라 성경의 전체적인 메시지와 가치를 고려하는 것을 의미합니다.

성경 공부 그룹 참여

같은 정치 견해를 가진 사람들로만 구성된 것이 아니라 다양한 관점의 사람들이 함께하는 성경 공부 그룹에 참여하면, 성경 말씀을 다양한 관점에서 이해하는 데 도움이 됩니다.

원칙 3: 정치를 신앙의 자리에 올려놓지 말자

정치적 우상 숭배의 위험성

정치와 신앙의 관계에서 또 다른 위험은 정치가 신앙을 대체하는 '정치적 우상 숭배'(political idolatry)입니다. 이는 정치적 충성과 정체성이 신앙적 충성과 정체성보다 우선시되는 상황을 말합니다. 이런 위험성은 교회 내에서 다양한 형태로 나타날 수 있습니다. 예를 들어, 특정 정치인의 사진이 예배당에 걸려 있거나, 설교가 지나치게 특정 정치적 메시지로 채워지거나, 교회가 정치 집회와 유사한 분위기가 되는 경우 등입니다.

신학적 관점에서 볼 때, 정치적 우상 숭배는 미묘한 형태로 교회에 침투할 수 있습니다. 그것은 하나님보다 정치적 가치나 인물에 더 열정과 헌신을 쏟는 것으로 나타납니다. 이런 상황에서는 정치적 반대자가 '하나님의 적'처럼 취급되고, 정치적 승리가 '하나님의 뜻'과 동일시됩니다. 이는 분명한 우상 숭배의 한 형태입니다.

성경은 우리에게 "너희는 하나님과 재물을 겸하여 섬기지 못하느니라"(마 6:24)라고 경고합니다. 마찬가지로 우리는 하나님과 정치(또는 정치적 이념)를 겸하여 섬길 수 없습니다. 정치가 신앙을 대체할 때, 우리는 정치적 성공과 실패에 따라 기뻐하거나 절망하게 되며, 이는 우리의 평안과 기쁨이 하나님이 아닌 정치적 상황에 의존하게 됨을 의미합니다.

분별력 키우기

이러한 위험을 피하기 위해 그리스도인은 분별력을 키워야 합니다. 분별력이란 하나님의 뜻과 세상의 가치, 진리와 거짓, 본질적인 것과 비본질적인 것을 구분할 수 있는 능력을 의미합니다. 히브리서 기자는 "단단한 음식은 장성한 자의 것이니 그들은 지각을 사용함으로 연단을 받아 선악을 분별하는 자들이니라"(히 5:14)라고 말합니다.

분별력은 모든 것을 그리스도의 주권 아래 두는 훈련에서 시작됩니다. 정치도 중요하지만, 그것이 우리의 궁극적 충성이나 정체성의 근원이 되어서는 안 됩니다. 우리는 먼저 그리스도의 제자이고, 그 다음에 시민이자 정치 참여자입니다. 분별력은 또한 정치 이슈의 복잡성과 다면성 인식을 포함합니다. 대부분의 정치적 문제들은 단순히 '옳고 그름'의 문제가 아니라 다양한 가치와 우선순위의 균형을 요구합니다. 그리스도인으로서 우리는 이러한 복잡성을 인정하고, 단순화된 '흑백 논리'를 경계해야 합니다.

정치적 예배를 피하기 위하여

정치적 열정 점검하기

'나는 정치적 논의에 임할 때와 신앙생활을 할 때 어느 쪽에 더 열정적인가?', '정치적 패배가 나의 기쁨과 평안에 얼마나 영향을 미치는가?'와 같은 질문을 통해 자신의 우선순위를 점검합니다. 이러한 자기 성찰은 우리의 마음이 어디에 있는지 확인하는 데 도움이 됩니다.

다양한 정치 견해 포용하기

교회 내에서 다양한 정치 견해를 가진 형제자매들을 존중하고 포용함으로써 특정 정치적 입장이 유일한 기독교적 입장으로 간주되는 것을 방지합니다. 이는 교회의 일치를 보존하고, 복음의 본질에 집중하는 데 도움이 됩니다.

영적 훈련 강화하기

기도, 말씀 묵상, 예배, 공동체 생활 등 전통적인 영적 훈련을 통해 하나님과의 관계를 깊게 함으로써 정치적 관심이 신앙을 대체하지 않도록 합니다. 이러한 영적 훈련은 우리의 정체성과 가치가 그리스도 안에 뿌리내리도록 도와줍니다.

교회의 정치적 중립성 유지하기

교회 지도자들은 설교와 교회 활동에서 특정 정당이나 후보를 공개적으로 지지하거나 비난하는 것을 삼가야 합니다. 이는 교회가 정치적 도구로 전락하는 것을 방지하고, 모든 정치 견해를 가진 사람들이 환영받는 공간이 되도록 합니다.

원칙 4: 정치에 상처 입은 교인들을 위한 회복의 공동체

정치적 양극화로 말미암은 상처

정치적 양극화는 많은 사람들에게 실질적인 상처를 남깁니다. 가족 관계가 정치 견해 차이로 깨어지기도 하고, 오랜 친구 사이가 소셜 미디어의 정치적 논쟁으로 멀어지기도 합니다. 교회 안에서도 정치적 차이로 말미암은 상처와 소외감을 경험하는 성도들이 많습니다.

심리학적 연구에 따르면, 최근 몇 년간 정치적 차이로 말미암아 관계 상실을 경험한 사람들이 크게 증가했습니다. 많은 사람들이 가족, 친구, 심지어 교회 공동체와의 단절에 따른 깊은 상실감과 외로움을 호소합니다. 이러한 상처는 종종 무시되거나 '사소한 것'으로 치부되지만, 실제로는 심각한 정서적, 영적 영향을 미칩니다.

이러한 관계적 단절은 단순히 개인적 문제가 아니라 사회적, 영적 위기이기도 합니다. 예수님은 "화평케 하는 자는 복이 있나니 그들이 하나님의 아들이라 일컬음을 받을 것임이요"(마 5:9)라고 말씀하셨습니다. 평화와 화해는 그리스도인의 핵심 가치이며, 특히 정치적 분열의 시대에 더욱 중요합니다.

교회, 회복과 화해의 공간

교회는 정치 갈등과 상처로부터의 회복과 화해를 위한 공간이 되어야 합니다. 사도 바울은 그리스도께서 "우리의 화평이신지라 둘로 하나를 만드사 원수 된 것 곧 중간에 막힌 담을 자기 육체로 허시고"(엡 2:14)라고 말했습니다.

교회는 세상의 정치 분열을 그대로 반영하는 곳이 아니라 그러한 분열을 초월하는 대안적 공동체가 되어야 합니다. 그리스도 안에서 우리는 정치적 차이에도 불구하고 하나 됨을 경험할 수 있습니다. 이것이 분열된 세상을 향한 교회의 강력한 증언이 될 수 있습니다.

물론 이것이 교회가 정치적 차이를 무시하거나 '그냥 모두 사이좋게 지내자'는 표면적인 화합을 추구한다는 의미가 아닙니다. 오히려 진정한 화해는 차이를 인정하고, 서로의 이야기를 경청하며, 그럼에도 불구하고 그리스도 안에서 하나 됨을 확인하는 것을 의미합니다.

회복의 공동체를 만들기 위하여

안전한 대화 공간 마련

교회는 정치 견해 차이에도 불구하고 서로 존중하고 경청하는 안전한 대화의 공간을 제공할 수 있습니다. 이는 명확한 대화 규칙(예를 들어 상대방의 말을 끝까지 듣기, 인신공격 피하기, 이해를 위해 질문하기 등)과 훈련된 진행자가 있는 구조화된 대화 모임을 통해 가능합니다.

관계 중심 활동 강화

정치적 토론보다 관계 중심의 활동(함께 식사하기, 봉사하기, 기도하기 등)을 통해 서로의 인간성과 공통점을 경험할 수 있는 기회를 만듭니다. 이러한 활동은 정치적 차이를 넘어서는 공동의 정체성과 목적을 확인하는 데 도움이 됩니다.

갈등 중재 메커니즘 개발

정치 갈등이 발생했을 때 이를 건설적으로 다룰 수 있는 메커니즘과 리더십을 개발합니다. 교회 지도자들은 화해와 중재의 기술을 배우고, 교회 내 정치 갈등이 발생했을 때 이를 회피하지 않고 적극적으로 다루는 것이 중요합니다.

상처 이야기 나누기

정치적 차이에 따른 상처와 아픔을 안전하게 나눌 수 있는 소그룹이나 상담 프로그램을 제공합니다. 자신의 이야기를 나누고 타인의 이야기를 듣는 과정은 치유와 이해의 첫 걸음이 될 수 있습니다.

원칙 5: 정치적 겸손의 실천

정치적 오만의 위험성

현대 정치 문화의 큰 문제점 중 하나는 자신의 정치 견해에 대한 지나친 확신과 상대방에 대한 경멸입니다. 이러한 정치적 오만은 '나(또는 내 진영)만이 옳고, 모든 선한 가치는 우리 편에 있으며, 상대편은 무지하거나 악의적'이라고 간주하는 태도로 나타납니다.

그리스도인도 이러한 정치적 오만에 빠지기 쉽습니다. 특히 자신의 정치 견해를 성경이나 하나님의 뜻과 직접 연결시킬 때, 이러한 위험은 더욱 커집니다. 신학적 관점에서 볼 때, 자신의 정치 견해를 절대화하는 것은 교만의 죄입니다. 이는 우리의 제한된 이해와 죄성을 간과하고, 마치 우리가 하나님의 관점을 완전히 파악한 것처럼 행동하는 것입니다. 성경은 '각각 자기의 일만 돌볼 것이 아니요 남의 일도 돌보라'(빌 2:4)고 가르칩니다. 이는 다른 관점과 경험에 대한 겸손한 고려가 필요함을 의미합니다.

우리 모두는 특정한 문화적, 사회적, 경제적 배경에서 세상을 바라봅니다. 이러한 배경은 불가피하게 우리의 정치적 판단에 영향을 미칩니다. 자신의 관점이 절대적 진리가 아니라 특정한 위치에서 본 부분적 이해임을 인정하는 것이 정치적 겸손의 시작입니다.

성경적 겸손의 정신

성경은 반복해서 겸손의 중요성을 강조합니다. 미가는 "그가 네게

구하시는 것은 오직 정의를 행하며 인자를 사랑하며 겸손하게 네 하나님과 함께 행하는 것이 아니냐"(미 6:8)라고 말합니다. 사도 베드로는 "하나님이 교만한 자를 대적하시되 겸손한 자들에게는 은혜를 주시느니라"(벧전 5:5)라고 가르칩니다. 예수님은 자신이 "나는 마음이 온유하고 겸손하니 내 멍에를 메고 내게 배우라"(마 11:29)라고 말씀하셨습니다.

정치적 맥락에서의 겸손은 먼저, 복잡한 정치적, 사회적 문제에 대한 자신의 이해가 제한적임을 인정하는 것에서 시작합니다. 우리 모두는 불완전한 정보와 제한된 관점을 가지고 있으며, 이는 우리의 판단에 영향을 미칩니다. 따라서 자신과 다른 정치 견해에 대해 진지하게 경청하고 배우려는 자세를 가져야 합니다. 이는 상대방의 관점이 항상 옳다는 의미가 아니라 그들의 관점에도 배울 점이 있을 수 있다는 열린 마음을 갖는 것을 의미합니다. 그리고 자신의 정치적 판단이 항상 수정될 수 있음을 인정할 수 있어야 합니다. 새로운 정보나 관점을 접했을 때 자신의 견해를 재고할 수 있는 유연성을 갖는 것이 중요합니다.

마지막으로 자신의 정치 견해가 형성된 맥락과 영향 요인들을 비판적으로 성찰해야 합니다. 우리의 성장 배경, 사회적 위치, 경제적 이해관계 등이 우리의 정치적 판단에 어떤 영향을 미치는지 인식하는 것이 필요합니다.

정치적 겸손은 우리의 판단이 항상 완전하지 않다는 것을 인정하는 데서 시작합니다. 우리는 모두 특정한 문화적, 사회적, 경험적 렌

즈를 통해 세상을 바라봅니다. 따라서 다른 관점을 가진 사람들로부터 배우려는 자세가 필요합니다. 이것이 성경이 말하는 '지혜의 시작'입니다.

정치적 겸손을 실천하기 위하여

내 정치 견해의 형성 과정 성찰하기

나의 정치 견해가 어떻게 형성되었는지, 가족 배경, 문화적 맥락, 개인적 경험, 정보원 등의 영향을 성찰합니다. 이러한 성찰은 자신의 견해가 절대적 진리가 아니라 특정한 맥락에서 형성된 것임을 인식하는 데 도움이 됩니다.

다른 정치적 관점 진지하게 접하기

의식적으로 자신과 다른 정치 견해를 가진 사람들의 글을 읽고, 그들의 이야기를 듣습니다. 이는 자신의 '확증 편향'을 극복하고, 더 넓은 관점을 발전시키는 데 도움이 됩니다.

가정하기보다 질문하기

다른 정치 견해를 가진 사람들의 동기나 의도를 가정하기보다 그들이 왜 그렇게 생각하는지 질문합니다. 이는 상대방을 악마화하는 것을 방지하고, 진정한 이해를 촉진합니다.

'나는 틀릴 수 있다'고 인정하기

정치적 토론에서 "나는 이렇게 생각하지만, 틀릴 수도 있다"라고 말하는 겸손함을 실천합니다. 이는 대화의 문을 열고, 방어적인 태도를 줄이는 데 도움이 됩니다.

소크라테스식 무지의 지혜 실천하기

"내가 아는 것은 내가 모른다는 사실뿐이다"라는 소크라테스의 말처럼, 정치적 문제의 복잡성과 자신의 지식 한계를 인정하는 태도를 기릅니다.

원칙 6: 사실과 진실 추구하기

'가짜 뉴스' 시대의 도전

현대 정보 환경은 그 어느 때보다 복잡하고 혼란스럽습니다. 소셜미디어와 인터넷의 발달로 누구나 정보를 생산하고 유통할 수 있게 되었지만, 동시에 허위 정보와 '가짜 뉴스'의 확산도 쉬워졌습니다. 특히 정치적 분야에서는 사실보다 감정과 확증 편향에 호소하는 정보가 널리 퍼지고 있습니다. 이는 그리스도인의 정치 참여에 심각한 도전을 제기합니다.

미디어 연구에 따르면, 현대 정보 환경의 가장 큰 문제는 '진실의 붕괴'(truth decay)입니다. 많은 사람들이 객관적 사실보다 자신의 기존 신념을 확인해 주는 정보만 선택적으로 받아들이는 경향이 있습니다. 또한 정치적 양극화로 말미암아 같은 사실도 진영에 따라 완전히 다르게 해석되는 '대안적 현실'이 만들어지고 있습니다. 이런 환경에서 진실을 분별하는 것은 점점 더 어려워지고 있습니다.

더 우려스러운 점은 인공 지능과 딥페이크 기술의 발전으로 조작된 이미지와 영상을 식별하기가 더욱 어려워지고 있다는 것입니다. 이는 '보는 것이 믿는 것'이라는 전통적인 증거 기준을 무너뜨리고 있습니다.

성경적 진리 추구의 정신

성경은 진리의 중요성을 반복해서 강조합니다. 예수님은 "진리를 알지니 진리가 너희를 자유롭게 하리라"(요 8:32)라고 말씀하셨고, 당신 자신을 '진리'(요 14:6)라고 선언하셨습니다. 그리스도인은 편향된 정보와 가짜 뉴스가 만연한 시대에 진리를 추구하는 사람이 되어야 합니다. 이는 정치적 편의나 선호에 관계없이 사실을 존중하고, 진실을 왜곡하지 않는 태도를 의미합니다.

신학적 관점에서 볼 때, 진리 추구는 단순한 지적 활동이 아니라 영적 훈련입니다. 우리가 '거짓말하지 말라'는 계명을 진지하게 받아들인다면, 허위 정보를 퍼뜨리거나 불완전한 정보에 기반해 타인을 판단하는 것을 삼가야 합니다. 디지털 시대의 그리스도인은 '디지털 진실성'(digital truthfulness)을 실천해야 합니다.

진리 추구는 또한 지적 겸손과 관련이 있습니다. 우리가 알고 있는 것이 항상 완전하거나 객관적이지 않을 수 있음을 인정하고, 계속해서 더 깊고 넓은 이해를 추구하는 자세가 필요합니다. 사도 바울은 "우리가 이제는 거울로 보는 것같이 희미하나 그때에는 얼굴과 얼굴을 대하여 볼 것이요 이제는 내가 부분적으로 아나 그때에는 주께서 나를 아신 것같이 내가 온전히 알리라"(고전 13:12)라고 말했습니다.

사실과 진실 추구를 위하여

정보 리터러시 키우기

정보의 출처와 신뢰성을 평가하는 능력을 키웁니다. 제목만 읽지 말고 전체 내용을 확인하고, 원 출처를 찾아보며, 여러 관점의 보도를 비교합니다. 특히 자신의 견해와 다른 정보에 대해서도 공정하게 평가하는 습관을 기릅니다.

공유 전 확인하기

소셜 미디어에서 정보를 공유하기 전에 그것이 사실인지 확인합니다. 특히 감정적 반응을 일으키는 정보일수록 더 신중하게 확인합니다. 가짜 뉴스 확인 사이트나 신뢰할 수 있는 다른 출처를 통해 검증하는 습관을 기릅니다.

편향 인식하기

모든 미디어와 정보원이 특정한 관점과 편향을 가지고 있음을 인식하고, 다양한 관점의 정보를 접합니다. 자신의 정치 견해와 다른 관점의 미디어도 의식적으로 접하면서, '정보 거품'에서 벗어나려고 노력합니다.

사실과 의견 구분하기

뉴스와 정보에서 사실 보도와 의견과 해석을 구분하는 습관을 기릅니다. 많은 미디어가 객관적 사실 보도와 주관적 해석을 명확히 구분하지 않는 경향이 있으므로, 이를 인식하고 비판적으로 소비하는 것이 중요합니다.

디지털 시민성 발휘하기

온라인에서 정보를 소비하고 공유할 때 책임감 있는 '디지털 시민'으로서 행동합니다. 검증되지 않은 정보 공유를 자제하고, 오해를 바로잡는 데 적극적인 역할을 합니다.

원칙 7: 책임 있는 언어를 사용하기

정치적 언어의 타락

현대 정치 담론의 또 다른 심각한 문제는 언어의 타락입니다. 정치적 토론은 종종 상대방에 대한 인신공격, 악마화, 과장, 일반화로 가득 차 있습니다. 소셜 미디어의 익명성과 거리감은 이러한 경향을 더욱 악화시켰습니다.

그리스도인들도 때때로 이러한 파괴적인 정치 담론에 동참하게 됩니다. 특히 온라인에서 정치적 반대자에 대해 경멸적인 언어를 사용하거나, 과장된 주장을 퍼뜨리거나, 상대방의 의도를 왜곡하는 경우가 있습니다. 커뮤니케이션 연구에 따르면, 언어는 단순한 소통 도구가 아니라 현실을 구성하고 관계를 형성하는 강력한 힘입니다. 파괴적인 정치적 언어는 대화의 가능성을 차단하고, 사회적 분열을 심화시키며, 궁극적으로 민주주의의 기반을 약화시킵니다. 그리스도인은 이러한 언어적 타락에 저항하고, 건설적인 담론의 모범을 보여야 합니다.

특히 우려스러운 것은 정치적 담론에서의 '도덕적 배제'(moral exclusion) 현상입니다. 이는 정치적 반대자를 일반적인 도덕적 고려의 대상에서 제외시키는 것으로, 극단적인 경우 그들의 인간성을 부정하는 데까지 이를 수 있습니다. 이러한 태도는 그리스도인의 가치와 근본적으로 충돌합니다.

성경적 언어 윤리

성경은 언어 사용의 중요성을 강조합니다. 지혜자는 "죽고 사는 것이 혀의 권세에 달렸나니"(잠 18:21)라고 말하며, 사도 야고보는 혀의 위험성과 그것을 통제하는 것의 중요성을 자세히 다룹니다(약 3장). 사도 바울은 "무릇 더러운 말은 너희 입 밖에도 내지 말고 오직 덕을 세우는 데 소용되는 대로 선한 말을 하여 듣는 자들에게 은혜를 끼치게 하라"(엡 4:29)라고 권면합니다. 또한 "너희 말을 항상 은혜 가운데서 소금으로 맛을 냄과 같이 하라 그리하면 각 사람에게 마땅히 대답할 것을 알리라"(골 4:6)라고 권면합니다. 이 말씀은 정중함만이 아니라 우리의 말이 부패를 방지하는 소금처럼 정화하는 역할을 해야 함을 의미합니다.

그리스도인의 언어 사용은 단순히 '정중함'의 문제가 아니라 예수님을 따르는 제자도의 핵심 부분입니다. 우리의 말은 하나님의 형상으로 지음받은 모든 인간의 존엄성을 존중해야 합니다. 정치적 반대자조차도 하나님께서 사랑하시는 존재라는 사실을 기억할 때, 우리의 언어는 변화됩니다.

책임 있는 정치 언어 사용을 위하여

'최선의 해석' 원칙 적용하기

상대방의 말이나 행동에 대해 가장 부정적인 해석보다 가능한 한 최선의 해석을 시도합니다. 이는 정치적 반대자의 의도를 항상 최악으로 해석하는 경향을 극복하는 데 도움이 됩니다.

구체적으로 비판하기

사람이 아니라 주장과 정책을 비판하고, 일반화('모든 보수는 …. 모든 진보는 …')를 피합니다. 특정 정책이나 결정에 대한 구체적인 비판은 건설적인 대화를 가능하게 하지만, 사람이나 집단 전체에 대한 공격은 대화를 차단합니다.

온라인에서도 윤리 지키기

소셜 미디어에서도 면 대 면 대화와 같은 수준의 존중과 정중함을 유지합니다. 익명성이나 물리적 거리가 윤리적 책임을 감소시키지 않음을 기억해야 합니다.

감정 점검하기

강한 감정에 휩쓸려 글을 쓰거나 말할 때, 잠시 멈추고 그 감정을 점검합니다. 특히 분노나 두려움과 같은 강한 감정은 우리의 언어를 극단적으로 만들 수 있습니다. 예수님의 말씀처럼 '화가 날 때는 그 날이 다 가기 전에' 해결하는 태도를 가집니다.

관계의 맥락 기억하기

정치적 대화 중에도 상대방과의 관계적 맥락을 기억합니다. 정치 견해 차이가 인간 관계의 전체를 규정하게 해서는 안 됩니다.

원칙 8: 약자들의 관점에서 생각하기

성경의 우선적 선택

성경 전체에 걸쳐, 하나님은 가난한 자, 약한 자, 소외된 자들에 대한 특별한 관심을 보이십니다. 시편 기자는 하나님께서 "억눌린 사람들을 위해 정의로 심판하시며 주린 자들에게 먹을 것을 주시는 … 나그네들을 보호하시며 고아와 과부를 붙드시고"(시 146:7-9)라고 하나님의 성품을 선언합니다. 예수님도 자신의 사명을 선언하실 때 '가난한 자에게 복음을 전하고, … 눌린 자를 자유롭게 하려' 왔다고 말씀하셨습니다(눅 4:18). 그분은 사회의 소외된 이들, 곧 가난한 자, 병든 자, 죄인, 이방인, 여성, 어린이에게 특별한 관심을 보이셨습니다.

교회의 오랜 사회 윤리 전통에서 이것은 '가난한 자들을 위한 우선적 선택'으로 불려 왔습니다. 이는 하나님께서 특별히 가장 취약하고 소외된 이들의 편에 서신다는 인식입니다. 신학적 관점에서 하나님의 '우선적 선택'은 하나님께서 가난한 자들만 사랑하신다는 의미가 아니라 공동체의 복지는 가장 취약한 구성원들의 복지에 따라 측정된다는 것입니다. 이것은 정치적 판단과 관련해서도 중요한 원칙이 됩니다. 특정 정책이나 후보가 사회의 가장 취약한 구성원들에게 어떤 영향을 미칠지를 고려하는 것은 성경적 가치와 일치합니다. 어떤 정치적 이념이나 정당에 국한되지 않는 근본적인 성경적 원칙입니다.

약자들의 관점에서 정치 참여하기

이 원칙을 정치 참여에 적용하면, 그리스도인은 단순히 자신의 이익이나 선호에 따라 정치적 선택을 하는 것이 아니라 가장 취약하고 소외된 이들에게 미칠 영향을 우선적으로 고려해야 합니다. 사회 복지 전문가들은 정치적 결정을 할 때, '이것이 가장 취약한 사람들에게 어떤 영향을 미칠까?'라고 자문하는 습관이 중요하다고 강조합니다. 예를 들어, 세금 정책을 평가할 때 단순히 '내가 더 많은 세금을 내게 될까?'가 아니라 '이 정책이 사회의 가장 취약한 구성원들에게 어떤 영향을 미칠까?'를 고려하는 것이 그리스도를 따르는 제자로서의 정치 참여 방식입니다.

이것은 모든 정책이 가난한 자들에게 직접적인 물질적 혜택을 제공해야 한다는 의미가 아닙니다. 오히려 장기적으로 사회 전체, 특히 가장 취약한 구성원들의 존엄성과 발전을 증진하는 정책이 중요합니다. 이는 교육 기회, 의료 접근성, 환경 정의, 공정한 법 집행 등 다양한 영역에 적용될 수 있습니다.

약자들의 관점을 고려하기 위하여

직접 경험 듣기

빈곤, 차별, 박해 등을 경험한 사람들의 이야기를 직접 듣고 배우는 기회를 만듭니다. 이는 추상적인 정책 논쟁을 넘어, 실제 사람들의 삶과 경험을 이해하는 데 도움이 됩니다.

다양한 목소리 접하기

사회적 소수자, 취약 계층의 관점을 담은 책, 기사, 다큐멘터리 등을 의식적으로 접합니다. 이는 우리의 관점을 넓히고, 우리가 알지 못했던 상황과 필요를 이해하는 데 도움이 됩니다.

정책 영향 분석하기

정치적 정책이나 후보를 평가할 때, 가장 취약한 집단에 미칠 영향을 중점적으로 분석합니다. '이 정책이 어떻게 가장 취약한 이들에게 영향을 미칠 것인가?'라는 질문을 정치적 판단의 중심에 둡니다.

봉사와 연대 실천하기

취약 계층과 함께하는 봉사와 연대 활동을 통해 그들의 현실과 필요를 더 깊이 이해합니다. 직접적인 관계와 경험은 추상적인 정책 논의를 넘어서는 통찰력을 제공할 수 있습니다.

'영향 평가'의 습관 기르기

모든 정치 이슈를 검토할 때 '이것이 가장 약한 자들에게 어떤 영향을 미칠 것인가?'라는 질문을 습관적으로 던져 봅니다.

원칙 9: 장기적 관점 유지하기

단기적 정치 사이클의 함정

요즘 정치는 종종 선거 주기, 여론 조사, 24시간 뉴스 사이클에 의해 지배됩니다. 이러한 단기적 관점은 장기적인 가치와 원칙보다 즉각적인 이익과 승리를 우선시하게 만듭니다. 그리스도인도 이러한 단기적 사고에 휩쓸리기 쉽습니다. 당장의 선거 승리나 특정 법안 통과에 모든 에너지를 쏟으며, 더 장기적인 문화적, 사회적 변화와 가치 형성은 간과합니다.

문화 연구가들은 정치적 변화가 빙산의 일각에 불과하다고 지적합니다. 더 깊은 곳에서는 문화적, 사회적 가치의 형성이 진행되고 있습니다. 선거에서 이기는 것도 중요하지만, 장기적으로 사회의 가치관과 세계관을 형성하는 것이 더 근본적인 변화를 가져옵니다. 그리스도인들은 단순히 정치적 승리를 넘어 이러한 장기적 문화 형성에 관심을 가져야 합니다.

역사적으로 볼 때, 가장 중요한 사회적 변화들, 예컨대, 노예제 폐지, 시민권 운동, 여성 참정권 등은 수십 년에 걸친 지속적인 노력의 결과였습니다. 이러한 변화는 단순히 법률의 제정이나 특정 선거의 승리만으로 이루어진 것이 아니라 사회의 기본 가치관과 태도의 근본적인 변화를 통해 가능했습니다.

성경적 역사관과 희망

성경은 우리에게 장기적인 역사관과 희망을 제시합니다. 하나님은 세대를 넘어 일하시며, 그의 계획은 우리의 제한된 시간 감각을 초월합니다. 사도 베드로는 "주께는 하루가 천 년 같고 천 년이 하루 같다"(벧후 3:8)라고 말합니다. 히브리서 기자는 믿음의 선조들이 '약속하신 것을 받지 못하였으나 그것들을 멀리서 보고 환영하며' 살았다고 기록합니다(히 11장). 아브라함, 모세, 다윗과 같은 성경의 인물들은 하나님의 약속이 자신의 생애에 완전히 성취되지 않을 수도 있음을 알면서도 신실하게 그 약속을 위해 일했습니다. 이것이 바로 성경적 장기 관점의 모델입니다.

신학적으로 볼 때, 그리스도인의 정치 참여는 '이미'와 '아직'의 긴장 속에서 이루어집니다. 우리는 하나님 나라가 '이미' 시작되었음을 알고 그것을 현실 세계에 구현하기 위해 노력하지만, 동시에 그것이 '아직' 완전히 실현되지 않았음을 인정합니다. 이러한 종말론적 관점은 우리가 당장의 정치적 승패에 너무 많은 의미를 부여하지 않고, 더 장기적인 하나님의 섭리를 신뢰하며 일하도록 도와줍니다.

장기적 관점을 갖기 위하여

다음 세대 고려하기

정치적 결정이 미래 세대에 미칠 영향을 고려합니다. 환경, 부채, 교육 등의 문제는 특히 장기적 관점을 필요로 합니다. '우리의 결정이 20년, 50년, 100년 후의 사람들에게 어떤 영향을 미칠 것인가?'라는 질문을 던져 봐야 합니다.

문화적 참여 확대하기

선거와 정치 활동을 넘어 교육, 예술, 미디어 등 문화 형성의 영역에도 참여합니다. 이러한 영역들은 사회의 가치관과 세계관 형성에 장기적으로 큰 영향을 미칩니다.

역사에서 배우기

과거의 사회 변화 운동들이 어떻게 장기적인 인내와 헌신을 통해 성공했는지를 배웁니다. 노예제 폐지 운동, 시민권 운동 등의 역사를 공부하면서 사회적 변화가 얼마나 긴 시간을 필요로 하는지, 그리고 어떤 전략이 효과적이었는지 배울 수 있습니다.

영적 훈련으로서 인내 실천하기

즉각적인 성과가 보이지 않더라도 인내하며 지속적으로 옳은 일을 행합니다. 사도 바울은 "선을 행하되 낙심하지 말지니 포기하지 아니하면 때가 이르매 거두리라"(갈 6:9)라고 말합니다.

변화의 여러 단계 이해하기

사회적 변화는 일반적으로 '인식 – 논의 – 수용 – 제도화'의 과정을 거칩니다. 때로는 우리가 변화의 초기 단계(인식과 논의)에 있을 수 있으며, 제도적 변화는 나중에 올 수 있음을 인식하는 것이 중요합니다.

작은 승리 축하하기

큰 변화를 기다리는 동안 작은 진전과 승리를 인식하고 축하합니다. 이는 장기적인 노력 속에서 희망과 동기를 유지하는 데 도움이 됩니다.

원칙 10: 기도하는 정치 참여자 되기

정치와 기도의 연결

마지막으로, 그리고 가장 중요하게, 그리스도인의 정치 참여는 기도와 깊이 연결되어야 합니다. 사도 바울은 "모든 사람을 위하여 간구와 기도와 도고와 감사를 하되 임금들과 높은 지위에 있는 모든 사람을 위하여 하라"(딤전 2:1-2)라고 권면합니다.

기도는 단순히 원하는 정치적 결과를 위해 하나님께 요청하는 것이 아니라 하나님의 뜻을 분별하고, 그분의 지혜와 인도하심을 구하며, 자신의 마음을 하나님의 마음에 맞추는 과정입니다. 신학적 관점에서 볼 때, 기도는 정치 참여의 핵심 요소입니다. 기도를 통해 우리는 자신의 정치적 열정과 판단을 하나님 앞에 내려놓고, 그분의 관점에서 상황을 볼 수 있는 지혜를 구합니다. 또한 기도는 우리가 정치적 대립과 갈등 속에서도 그리스도의 평화를 유지할 수 있도록 도와

줍니다. 기도하는 정치 참여는 세상의 방식과 구별된 그리스도인의 독특한 접근법입니다.

기도는 또한 우리의 정치 참여를 하나님의 주권과 섭리에 대한 신뢰의 맥락에 위치시킵니다. 우리는 최선을 다해 책임 있게 참여하지만, 궁극적인 결과는 하나님의 손에 맡깁니다. 이것이 우리에게 정치적 불확실성과 실망 속에서도 평안을 유지할 수 있는 힘을 줍니다.

정치를 위한 기도의 다양한 형태
정치 상황에서 기도는 여러 형태로 이루어질 수 있습니다.

분별을 위한 기도는 복잡한 정치 상황에서 하나님의 뜻을 구하고 지혜로운 행동을 위한 통찰력을 청하는 것입니다. 특히 복잡한 정치적 이슈나 결정 앞에서 '이 상황에서 당신의 뜻은 무엇입니까? 당신의 마음과 지혜를 주소서'라고 기도합니다.

지도자들을 위한 기도는 지지하는 정치인뿐만 아니라 반대하는 정치인들도 지혜롭고 정의롭게 통치할 수 있기를 바라는 것입니다. '지도자들에게 지혜와 분별력, 그리고 모든 이들, 특히 취약한 이들을 위한 마음을 주소서'라고 간구합니다.

화해와 일치를 위한 기도는 정치적 양극화와 분열을 넘어 화해와 상호 이해를 구하는 것입니다. '사회의 분열과 적대감을 치유하고 다른 견해를 가진 이들 사이에 이해와 존중의 다리를 놓아 달라'고 기도합니다.

자기 성찰적 기도는 자신의 정치적 태도와 동기를 돌아보며 교만,

분노, 두려움을 하나님께 내려놓는 기도입니다. '내 안의 교만과 판단하는 마음을 보게 하시고 사랑과 겸손으로 채워 달라'고 청합니다.

정의와 샬롬을 위한 중보 기도는 사회의 약자와 소외된 이들을 위한 정의와 공동체 전체의 평화와 번영을 구하는 것입니다. '억압받고 소외된 이들을 위해 정의가 흐르고 모든 이가 번영하는 평화로운 공동체가 되게 해 달라'고 간구합니다.

감사와 희망의 기도는 어려운 정치적 상황 속에서도 하나님의 신실하심을 인정하고 그분의 주권과 최종적 승리에 대한 희망을 표현하는 것입니다. '혼란스러운 시기에도 여전히 다스리심에 감사드리며, 희망은 정치적 승리가 아닌 당신의 영원한 나라에 있다'는 고백을 담습니다.

기도하는 정치 참여자가 되기 위하여

정치 뉴스를 기도 제목으로 바꾸기

정치 뉴스를 읽거나 볼 때, 그것을 비판이나 걱정의 대상이 아니라 기도의 주제로 삼습니다. 예를 들어, 갈등 상황에 대한 뉴스를 접할 때, 관련된 모든 이들을 위해 평화와 지혜를 구하는 기도로 전환합니다.

정치인들을 위해 정기적으로 기도하기

자신이 지지하든 반대하든 상관없이, 모든 정치 지도자들을 위해 정기적으로 기도합니다. 이는 사도 바울의 권면(딤전 2:1-2)을 실천하는 것입니다. 특히 자신이 동의하지 않는 지도자들을 위한 기도는 우리의 마음을 변화시키는 강력한 영적 훈련이 될 수 있습니다.

정치적 결정 전 기도하기

투표나 다른 정치적 행동을 하기 전에 먼저 기도하는 습관을 기릅니다. 특히 중요한 선거나 복잡한 정치 이슈에 대해 결정하기 전에, 하나님의 지혜와 인도하심을 구하는 시간을 갖는 것이 중요합니다.

공동체적으로 기도 실천하기

교회나 소그룹에서 함께 정치 이슈에 대해 기도하는 시간을 갖습니다. 이는 개인적 편향을 넘어 더 넓은 관점에서 상황을 바라보고, 공동체적 분별을 경험하는 데 도움이 됩니다.

기도 일지 작성하기

정치적 상황과 결정에 대한 기도를 일지에 기록하고, 시간이 지남에 따라 하나님께서 어떻게 응답하시는지를 관찰합니다. 이는 하나님의 신실하심을 기억하고, 장기적인 관점을 유지하는 데 도움이 됩니다.

결론, 복음을 중심에 둔 정치 참여

이 장에서 우리는 복음을 중심에 둔 정치 참여를 위한 10가지 원

칙을 살펴보았습니다:

1. 특정 정치인이 아니라 하나님 나라를 기준으로

정치적 메시아주의를 경계하고, 하나님 나라의 가치를 정치적 판단의 기준으로 삼습니다.

2. 신문보다 성경을 더 많이 읽자

미디어의 세계관 형성 영향력을 인식하고, 성경적 관점에서 현실을 바라보는 습관을 기릅니다.

3. 정치를 신앙의 자리에 올려놓지 말자

정치적 예배의 위험을 경계하고, 영적 분별력을 키워 정치가 신앙을 대체하지 않도록 합니다.

4. 정치에 상처 입은 교인들을 위한 회복의 공동체

교회가 정치 갈등과 상처로부터의 치유와 화해의 공간이 되도록 노력합니다.

5. 정치적 겸손의 실천

자신의 정치 견해에 대한 지나친 확신을 경계하고, 다른 관점에 대해 열린 자세를 갖습니다.

6. 사실과 진실 추구하기

'가짜 뉴스' 시대에 정보의 정확성과 신뢰성을 중요시하고, 진실을 왜곡하지 않는 태도를 유지합니다.

7. 책임 있는 언어를 사용하기

정치적 담론에서도 존중과 정중함을 유지하고, 파괴적인 언어 사용을 피합니다.

8. 약자들의 관점에서 생각하기

정치적 결정이 사회의 가장 약한 구성원들에게 미치는 영향을 우선적으로 고려합니다.

9. 장기적 관점 유지하기

단기적인 정치적 승리보다 장기적인 가치와 변화에 집중하고, 하나님의 시간표를 신뢰합니다.

10. 기도하는 정치 참여자 되기

모든 정치 참여와 결정을 기도로 감싸고, 하나님의 지혜와 인도하심을 구합니다.

이러한 원칙들을 종합해 보면, 그리스도인의 정치 참여는 궁극적으로 예수 그리스도의 복음을 중심에 두는 것임을 알 수 있습니다.

예수 그리스도의 가르침과 모범, 그리고 그분의 십자가와 부활이 우리의 정치 관점과 행동을 형성해야 합니다.

신학적 관점에서 볼 때, 그리스도인의 정치 참여는 궁극적으로 그리스도의 주권과 복음의 능력에 대한 믿음의 표현이 되어야 합니다. 우리는 정치가 중요하다고 믿지만, 그것이 우리의 궁극적 소망은 아니라는 것을 압니다. 우리의 시민권은 근본적으로 하늘에 있기 때문입니다(빌 3:20). 이러한 이중 시민권의 관점은 우리가 현실 정치에 진지하게 참여하면서도, 그것에 절대적 의미를 부여하지 않는 균형을 가능하게 합니다.

그리스도인의 정치 참여는 깊은 역설을 품고 있습니다. 우리는 현재의 정치적 현실에 진지하게 참여하면서도, 이 세상이 우리의 궁극적 고향이 아님을 압니다. 우리는 정의와 평화를 위해 열정적으로 일하면서도, 완전한 정의와 평화는 오직 하나님 나라에서만 실현됨을 압니다. 우리는 정치적 승리를 위해 노력하면서도, 우리의 궁극적 승리는 이미 그리스도 안에서 보장되어 있음을 압니다.

이러한 역설 속에서, 우리는 한편으로 현실 정치에 책임 있게 참여하면서도, 다른 한편으로는 모든 정치적 희망과 야망을 초월하는 하나님 나라의 비전을 품을 수 있습니다. 이것이 바로 '세상 속에 있지만 세상에 속하지 않은' 그리스도인의 독특한 정치적 소명입니다.

결론적으로 그리스도인의 정치 참여는 사랑의 행위여야 합니다. 하나님을 향한 사랑, 이웃을 향한 사랑, 심지어 정치적 반대자를 향한 사랑의 표현이어야 합니다. 예수님께서 가르치신 것처럼, 모든 계명은 결국 사랑으로 요약됩니다(마 22:37-40). 우리의 정치 참여도 이 근본적인 사랑의 계명에 뿌리를 두어야 합니다.

이러한 관점에서 볼 때, 그리스도인의 정치 참여는 단순히 시민적 의무나 권리의 행사를 넘어 세상 속에서 그리스도의 사랑과 공의를 증거하는 제자도의 한 형태가 됩니다. 이것이 바로 우리가 추구해야 할 복음을 중심에 둔 정치 참여의 본질입니다.

나눔을 위한 질문

1) 정치에 대해 생각하거나 행동할 때, '복음이 우선이다'라는 말을 항상 먼저 생각하나요?

2) 나는 신문과 뉴스보다 성경을 더 자주 읽고 묵상하고 있는지 돌아본다면 어떤가요?

3) 혹시 내 정치적 견해나 감정이 신앙보다 더 중요한 자리를 차지하고 있지는 않은지 조용히 점검해 본 적이 있나요?

4) 정치로 말미암아 상처 입은 사람들에게, 교회는 회복과 위로의 공간이 되고 있다고 느끼나요? 그렇다면 어떻게 그 역할을 감당하고 있나요?

5) 정치적 견해가 다른 이들과의 대화 속에서 '정치적 겸손'을 실천한 경험이 있나요?

6) 나의 정치 참여는 사회의 가장 약한 이들을 얼마나 생각하고 있는지, 복음의 시선으로 함께 나눠 봅시다.

7) 정치 참여를 결정하기 전에, 또는 중요한 정치적 판단 앞에서, 기도로 하나님께 여쭙는 습관을 가지고 있나요?

에필로그:
그리스도인의 정치 참여, 그 답을 찾아서

"목사님, 그리스도인이 투표할 때에는 어느 당을 지지해야 하나요"

이 질문으로 우리의 여정은 시작되었습니다. 프롤로그에서 만났던 그 청년의 질문, 그리고 우리 모두의 질문이기도 했던 이 물음에 이제 답할 시간입니다. 긴 여정을 통해 우리는 신앙과 정치의 관계, 교회와 국가의 경계, 복음과 공적 참여의 연결점을 탐구했습니다. 이제 그 탐구의 결론을 정리하며, 그리스도인의 정치 참여에 관한 지혜를 모아 보고자 합니다.

두 왕국의 지혜, 한 주권의 통합

그리스도인의 정치 참여에 관한 우리의 접근은 '두 왕국'과 '한 주권'이라는 두 축을 중심으로 이루어집니다. 두 왕국 이론은 교회와 국가, 영적 영역과 세속적 영역을 구분합니다. 이 구분은 중요합니다. 교회가 정치 세력화되거나 반대로 국가가 신앙의 영역을 통제하려 할 때 위험한 결과가 초래됩니다. 역사는 이 경계가 무너질 때 발생하는 비극을 수없이 보여 주었습니다.

그러나 이 구분이 분리나 단절을 의미하지는 않습니다. 두 영역은 모두 하나님의 주권 아래 있습니다. "땅과 거기 충만한 것과 세계와 그 가운데에 사는 자들은 다 여호와의 것"(시 24:1)이라는 말씀처럼, 모든 영역은 궁극적으로 하나님께 속해 있습니다. 그리스도의 주권은 교회당 안에만 머물지 않고, 의회와 법정, 교실과 사무실, 거리와 시장에까지 미칩니다.

이러한 통합적 관점은 신칼뱅주의의 '영역 주권' 개념에서 더욱 구체화됩니다. 사회의 각 영역, 곧 가정, 교회, 학교, 기업, 정부 등은 각각 고유한 권위와 책임을 가지며, 모두 하나님의 주권 아래 있습니다. 그리스도인은 이 모든 영역에서 하나님 나라의 가치를 실현하도록 부름받았습니다.

결국 우리가 추구하는 것은 '구분 속의 통합', '차이 속의 일치'입니다. 교회와 국가의 영역은 구분되지만, 그리스도인의 신앙은 모든 영역을 아우르는 통합적 세계관을 형성합니다. 우리는 주일에만 그리스도인이 아니라 투표장에 서 있을 때에도, 정책을 평가할 때에도, 사회 문제에 목소리를 낼 때에도 그리스도인입니다.

복음 우선의 정치 참여

그렇다면 구체적으로 그리스도인은 어떻게 정치에 참여해야 할까요? 그 핵심은 '복음 우선'에 있습니다. 복음이 우선한다는 것은 정치적 이념이나 당파성보다 복음의 가치와 원칙이 우리의 정치적 판단과 참여를 인도한다는 의미입니다.

복음 우선의 정치 참여는 다음과 같은 특징을 갖습니다.

첫째, 복음의 우선성을 인식합니다. 정치적 변화보다 더 근본적인 것은 그리스도 안에서의 변화입니다. 복음은 사회 개혁 프로그램이 아니라 죄로부터의 구원과 하나님과의 화해를 선포합니다. 그리스도인의 정치 참여는 이 복음에 근거하고, 이 복음에서 흘러나와야 합니다. 정치적 승리나 사회 개혁이 복음을 대체할 수 없습니다.

둘째, 복음의 총체성을 이해합니다. 복음은 단지 '영혼 구원'만이 아니라 인간과 창조 세계 전체의 회복을 목표로 합니다. 예수님은 "하나님의 나라가 가까이 왔다"(막 1:15)라고 선포하셨고, 이 하나님 나라는 개인의 내면뿐 아니라 사회적, 문화적, 심지어 환경적 차원까지 포괄합니다. 그리스도인의 정치 참여는 이러한 총체적 회복의 비전에서 영감을 얻어야 합니다.

셋째, 복음의 초월성을 존중합니다. 복음은 모든 정치 이념과 체제를 초월합니다. 그것은 보수나 진보, 우파나 좌파의 틀에 갇히지 않습니다. 복음은 모든 인간 체제와 이념에 대해 비판적 거리를 유지하며, 어떤 정치적 프로그램도 하나님 나라와 동일시되지 않습니다. 그리스도인은 어떤 정치 세력에도 절대적 충성을 바치지 않습니다. 우리의 궁극적 충성은 오직 그리스도께 있습니다.

넷째, 복음의 대안성을 드러냅니다. 복음은 단순한 비판이 아니라 대안적 비전과 가치를 제시합니다. 하나님 나라의 가치, 즉 정의, 평화, 화해, 생명 존중, 약자 보호는 현존하는 모든 정치 체제와 이념의 한계를 뛰어넘는 새로운 가능성을 보여 줍니다. 그리스도인의 정치 참여는 이러한 대안적 가치를 사회 속에 구현하는 것을 목표로 합니다.

그리스도인의 정치 참여를 위한 지침

이러한 신학적 기초 위에서, 우리는 다음과 같은 실천적 지혜를 제안합니다.

분별력 있는 투표

투표는 민주주의 사회에서 시민 참여의 가장 기본적인 형태입니다. 그리스도인의 투표는 단순히 정당 충성이나 이념적 성향을 넘어 하나님 나라의 가치를 기준으로 이루어져야 합니다. 이를 위해 다음과 같은 접근이 도움이 됩니다.

- 후보와 정당의 정책을 성경적 가치(정의, 평화, 생명 존중, 약자 보호 등)에 비추어 평가합니다.
- 다양한 정보원을 통해 균형 잡힌 시각을 형성하고, 자신의 편향을 인식하고 극복하려 노력합니다.
- 기도와 묵상을 통해 하나님의 지혜와 인도하심을 구합니다.

투표는 그 자체로 신앙 행위이며, 청지기 책임의 표현입니다. 투표권은 하나님께서 민주주의 사회에 사는 시민들에게 주신 선물이며, 이를 지혜롭게 사용하는 것은 신앙의 자연스러운 표현입니다.

공적 영역에서의 소명 실천

그리스도인의 정치 참여는 단지 투표장에서만 이루어지지 않습니다. 일상적인 직업과 활동을 통해 공적 영역에서 하나님 나라의 가치를 실현하는 것 역시 중요한 정치 참여의 형태입니다. 법조인, 교사, 기업가, 공무원, 언론인, 예술가 등 모든 직업은 하나님 나라의 가치를 실현할 수 있는 '소명의 현장'입니다. 자신의 전문성과 영향력을 통해 정의롭고 인간 존엄성을 존중하는 사회 구조와 관행을 만들어 가는 것이 중요합니다. 또한 시민 단체 활동, 지역 사회 참여, 사회적 약자를 위한 옹호 활동 등을 통해 공적 영역에 적극적으로 참여할 수 있습니다. 이러한 참여는 정파적 이해관계보다 공동선을 추구하는 방향으로 이루어져야 합니다.

교회의 예언자적 목소리

교회는 특정 정당이나 정치인의 대변인이 아니라 반대로 모든 정치 세력에 대해 예언자적 목소리를 낼 수 있어야 합니다. 이는 '정치적'이지만 '당파적'이지 않은 접근을 의미합니다. 교회는 성경적 가치에 근거하여 사회의 불의와 부정에 대해 비판적 목소리를 내야 합니다. 그러나 이러한 비판은 특정 정치 집단을 악마화하거나 반대로 다른 집단을 이상화하는 방식이 아니라 모든 정치 세력에 대해 공정하게 적용되어야 합니다. 동시에 교회는 단순한 비판을 넘어 화해와 치유의 공간이 되어야 합니다. 정치적으로 분열된 사회 속에서, 교회는 다양한 정치 견해를 가진 사람들이 그리스도 안에서 하나 됨을 경험하는 대안적 공동체가 되어야 합니다.

장기적 문화 형성

정치적 변화만으로는 사회의 근본적 변혁을 이룰 수 없습니다. 더 깊은 수준의 문화적, 가치의 변화가 필요합니다. 그리스도인은 단기적인 정치적 승리보다 장기적인 문화 형성에 관심을 기울여야 합니다. 교육, 예술, 미디어, 학문 등 문화 형성의 영역에 참여함으로써 사회의 근본적인 가치관과 세계관 형성에 기여할 수 있습니다. 이러한 문화 형성에의 참여는 때로는 직접적인 정치 참여보다 더 깊고 지속적인 변화를 가져올 수 있습니다.

복음이 주는 희망

한국 사회는 전례 없는 정치적 양극화와 사회적 분열을 경험하고 있습니다. 이러한 분열은 교회 안에도 깊이 침투해 있습니다. 많은 그리스도인들이 정치 견해 차이로 갈등하고, 때로는 서로를 판단하고 정죄하기도 합니다.

이런 상황에서 복음은 우리에게 독특한 희망을 제시합니다. 그것은 정치적 대립과 사회적 분열을 넘어서는 화해와 일치의 메시지입니다. 복음은 우리에게 모든 인간이 하나님의 형상대로 창조되었으며 그리스도의 보혈로 구속받을 가치가 있는 존재임을 상기시킵니다. 정치적 반대자조차도 하나님께서 사랑하시는 존재이며, 그리스도께서도 그를 위해 죽으셨습니다.

복음은 또한 우리에게 궁극적 희망의 원천을 제공합니다. 우리의 희망은 어떤 정치 지도자나 정당, 정책이나 제도에 있지 않습니다. 우리의 희망은 이 세상과 역사의 주인이신 하나님께 있습니다. 하나님 나라는 어떤 인간의 노력으로도 완전히 실현될 수 없지만, 그리스도 안에서 이미 시작되었고, 언젠가 완성될 것입니다.

이러한 희망은 우리로 하여금 현실의 정치 갈등과 실패 속에서도 인내하며 포기하지 않고 계속해서 하나님 나라의 가치를 위해 일하도록 합니다. 우리는 당장의 정치적 승패에 너무 많은 의미를 부여하지 않으면서도, 지금 여기에서 정의와 평화, 인간 존엄성과 창조 질서의 보존을 위해 최선을 다합니다.

믿음으로 투표할 수 있는가?

프롤로그에서 던졌던 질문으로 돌아갑니다. '믿음으로 투표할 수 있는가?' 이제 우리는 확신을 가지고 '그렇다'고 대답할 수 있습니다.

믿음으로 투표한다는 것은 특정 정당이나 후보를 맹목적으로 지지하는 것이 아닙니다. 그것은 복음의 가치와 원칙에 비추어 기도하는 마음으로 분별력 있는 선택을 한다는 의미입니다. 때로는 그 선택이 어려울 수 있고, 그리스도인들 사이에서도 다른 결론에 도달할 수 있습니다. 그러나 중요한 것은 그 과정에서 우리가 하나님 나라의 가치를 최우선으로 고려하고, 모든 사람의 존엄성을 존중하며, 특히 가장 약하고 소외된 이들의 필요를 고려한다는 점입니다.

믿음으로 투표한다는 것은 또한 투표가 우리 신앙의 표현임을 인식하는 것입니다. 우리는 단순히 정치적 행위가 아니라 청지기 책임의 일환으로, 이웃 사랑의 실천으로, 하나님 나라를 향한 소망의 표현으로 투표합니다.

이러한 접근이 모든 정치적 문제에 대한 간단한 해답을 제공하지는 않습니다. 그것은 오히려 우리가 계속해서 성경의 가르침을 깊이 연구하고, 서로에게서 배우며, 기도 가운데 하나님의 지혜를 구하도록 우리를 지속적인 여정에 초대합니다.

그리스도인의 정치 참여는 단순한 세속적 활동이 아니라 하나님 나라의 가치를 이 세상에 구현하려는 신앙의 표현입니다. 그것은 교회와 국가의 영역을 구분하면서도, 모든 영역에서 그리스도의 주권을 인정하는 균형 잡힌 접근을 요구합니다. 그것은 특정 정치 이념이나 정당에 절대적 충성을 바치지 않으면서도, 공적 영역에서 책임 있게 참여하는 길을 보여 줍니다.

이러한 여정에서 우리는 항상 겸손함을 유지해야 합니다. 우리의 정치적 판단은 제한적이고 오류 가능성이 있습니다. 우리는 서로에게서 배우고, 때로는 의견의 차이가 있더라도 그리스도 안에서의 일치를 지키며, 하나님의 지혜와 인도하심을 구하는 겸손한 자세를 유지해야 합니다.

무엇보다 우리의 정치 참여가 "너희는 세상의 소금이니 … 너희는 세상의 빛이라"(마 5:13-14)라는 예수님의 말씀을 실현하는 것이 되기를 소망합니다. 그럴 때, 우리는 분열된 세상 속에서 화해와 치유, 정의와 평화, 소망과 회복의 메시지를 전하는 진정한 하나님 나라의 시민이 될 수 있을 것입니다.

미주

1 존 칼빈, 『기독교 강요(중)』, 원광연 역 (고양: 크리스챤다이제스트, 2003), 412.
2 존 칼빈, 『기독교 강요(하)』, 원광연 역 (고양: 크리스챤다이제스트, 2003), 584.
3 Matthew J. Tuininga, *Calvin's Political Theology and the Public Engagement of the Church: Christ's Two Kingdoms* (Cambridge: Cambridge University Press, 2017).
4 존 칼빈, 『기독교 강요(하)』, 원광연 역 (고양: 크리스챤다이제스트, 2003), 587.
5 Jung-Sook Lee, "Calvinist Penitence Evaluated: Restoration of Calvin's and Calvinist Churches", *Torch Trinity Journal* 6 (2003), 245-246.
6 존 칼빈, 『기독교 강요(하)』, 원광연 역 (고양: 크리스챤다이제스트, 2003), 254.
7 존 칼빈, 『기독교 강요(중)』, 원광연 역 (고양: 크리스챤다이제스트, 2003), 412.
8 존 칼빈, 『기독교 강요(하)』, 원광연 역 (고양: 크리스챤다이제스트, 2003), 620.
9 존 칼빈, 『기독교 강요(하)』, 원광연 역 (고양: 크리스챤다이제스트, 2003), 620.
10 Abraham Kuyper, *Sphere Sovereignty* (OR: Monergism Books, 2024), 12, 14. https://www.monergism.com/thethreshold/sdg/kuyper/Sphere%20Sovereignty-Kuyper-New.pdf
11 한국행정연구원, DATA BRIEF, 2023년 제1호(통권 16호).
12 Richard J. Mouw, *Political Evangelism* (Grand Rapids: Eerdmans, 1973), 13-15.